weichert
bücher

KÄTHE THEUERMEISTER

Hummelchen macht eine Entdeckung

Eine Sage wird Wirklichkeit

Auflage der bisher
erschienenen Hummelchenbücher
940 000

A. WEICHERT VERLAG
Hannover

Einbandbild: Lilo Busch • Textillustrationen: Helga Wahle

ISBN 3-483-01004-1

Satz: Göttinger Druckerei- und Verlagsgesellschaft m. b. H., Göttingen
Druck und Einband: Richard Dohse & Sohn, Bielefeld

INHALTSVERZEICHNIS

Die Schneeballschlacht

Im September hatte Hummelchen ihren zehnten Geburtstag gefeiert. Es war ein schöner Herbsttag gewesen, und alle ihre Freunde und Freundinnen waren ihre Gäste. Sie konnten bei Kaffee und Kuchen im Garten sitzen, weil es noch sommerlich warm war. Sie spielten „Topfschlagen" und „Blindekuh", „Eierlaufen" und „Sackhüpfen".

Jubel und Lachen schallten die ganze „Tüte" entlang. Am fröhlichsten war Hummelchens Lachen. Es erfüllte Garten und Haus wie lustiger Vogelgesang, in dem die Stimme von Mücke, dem kleinen Bruder, kraftvoll und selbstbewußt hineinklang. Er war ja nun schon ein richtiger Junge von vier Jahren.

Nach dem sommerlichen September kam ein stiller Oktober. Der Garten des Eichenhauses stand in bunter Pracht, und aus der feuchten Erde stieg ein starker Geruch nach Holz, Kräutern und verwelkendem Laub. Im November hingen noch viele Blätter an den Bäumen und Sträuchern, als es gegen Ende dieses Monats zu schneien anfing.

Hummelchen und Mücke konnten nicht genug staunen.

„Der Schnee wird nicht lange liegenbleiben", meinte der Vater.

Aber der Schnee blieb liegen. Er lag noch zu Weihnachten und Neujahr, und er lag den ganzen Januar hindurch.

*

Jetzt ist es Februar, und das kleine Thalburg mit seinen alten Häusern, den engen Gäßchen und der verwitterten Burg auf dem Berge liegt eingehüllt in eine dicke Schneedecke. Die Sonne glitzert darauf und läßt sie aufblitzen wie ein diamantenbesticktes Tuch.

Doch im Hof der Volksschule hat der Hausmeister den Schnee beiseitegefegt. Hohe Schneehaufen liegen rundum an den Haus- und Mauerwänden. Die Kinder können sich in der Pause ungehindert im Freien austoben.

Als die erste Schneeballschlacht im saubergefegten Hof beginnt, rennt der Hausmeister schimpfend zwischen die kämpfenden Gegner.

Er erwischt Benno und zwei Buben aus der „Wilden Mannsgasse" am Kragen und kommandiert sie nach Schulschluß zum Fegen.

Hummelchen und die Kinder von der „Tüte" lachen die „Wilden Männer" aus. Ihrem Freund Benno aber bieten sie ihre Hilfe an, die er jedoch stolz ablehnt. Er ist nicht mehr der kleine Benno-Bumm, der mit seinem Roller durch die Gäßchen jagt, sondern ein großer Junge geworden. Er will sich einen Rennwagen bauen und sammelt dazu alle nötigen Teile, die er in der Werkstatt des Vaters erwischen kann. Wenn es wieder Frühling ist, wird er im Rennwagen durch Thalburg brausen.

„Armes Thalburg!" hat Hummelchens Vater seufzend gesagt.

„Auf der Straße darf man aber ballern", meint der kleine Puck, als sie aus der Schule kommen, und taucht seine roten Handschuhe in den weichen Schnee vor dem Schulhof.

„Klar!" sagt Hummelchen. „Der Hausmeister zankt bloß im Schulhof. Paß auf, ich treffe das Bild genau in der Mitte."

Und sie zielt mit einem schnell gedrehten Ball auf das Plakat an der Hauswand gegenüber. Es zeigt einen keck dreinschauenden Buben über einer Tasse dampfenden Kakaos.

„Peng!" macht Hummelchens Schneeball und saust dem Plakatbuben direkt auf die Nase.

„Prima!" ruft Puck begeistert. „Und jetzt werfe ich mal!"

Sein Schneeball fliegt daneben an die hölzerne Plakatwand. Hummelchen wirft und trifft die Tasse. Puck schafft nicht einmal das.

„Ach, das ist mir zu weit", sagt er nach weiteren vergeblichen Versuchen, „ich ballere immer vor mich her."

Die Tore des unweit von der Volksschule liegenden Gymnasiums haben sich geöffnet. Die Gymnasiasten treten den Heimweg an.

Gerade kommt „Pauker" aus dem Tor. Eigentlich heißt er Karl-Otto Göbel, aber jeder nennt ihn Pauker, weil er unermüdlich über seinen Büchern sitzt. Seine Mutter ist Witwe und arbeitet im Büro der Brauerei Weiners. Sie lebt mit ihrem Jungen einfach und sparsam, damit er bis zum Abitur die Schule besuchen kann. Und Karl-Otto dankt es ihr durch eifrigen Fleiß. Er hofft, nach dem Abitur eine gute Stelle zu finden, um die Mutter unterstützen zu können. Er ist ein ernster, fast ein wenig strenger junger Mann. Pucks Schneeball ist schon unterwegs. Er saust dem Pauker an den Kopf, drückt ihm die Mütze auf die Nase, dann verschwindet er in seinem Mantelkragen.

Der Pauker bleibt einen Augenblick verdutzt stehen, dann wendet er sich langsam um.

Puck hat erschrocken Mund und Augen aufgerissen, denn mit dem Pauker ist nicht zu spaßen, das weiß jedes Kind in Thalburg.

Hummelchen dagegen findet die Sache komisch und lacht. Das verdrießt den Primaner noch mehr. Er läßt sich nicht auslachen, auf keinen Fall von den Kleinen.

Langsam kommt er auf Puck zu, der wie angenagelt stehenbleibt. Auch Hummelchen denkt nicht an Flucht. Sie ist gespannt auf das, was nun kommen wird. Dem Pauker wird es kalt und naß zwischen Kragen und Hals, denn seine warme Haut hat den Schnee in Wasser verwandelt.

„He, Freundchen, was soll das?" grollt er, packt den ängstlichen Puck an seiner Jacke und hebt ihn hoch.

„Ich hab's nicht mit Absicht getan", versichert Puck ängstlich, „wirklich nicht!"

Der Pauker wird immer geärgert und geneckt, deshalb glaubt er Puck nicht.

„Er hat nur so vor sich hingeballert", bestätigt Hummelchen, „wie konnte er denn wissen, daß du gerade aus dem Tor trittst, wie?"

„Ich bin achtzehn Jahre alt", knurrt der Pauker und blickt herablassend auf Hummelchen herunter, „für dich Kröte bin ich Herr Göbel, verstanden?"

„Sehr wohl", sagt Hummelchen und knickst kichernd, „ich glaube aber, das mit dem Pauker stimmt nicht, denn viel gelernt haben Sie nicht, Herr Göbel."

„Was fällt dir denn ein?" braust er auf. „Erst mit Schneebällen werfen und dann noch frech werden?"

„Den Schneeball habe ich nicht geworfen", verteidigt sich Hummelchen, „ich meine nur, wenn Sie so viel gelernt haben, dann müßten Sie doch sehen, daß ich ein Mensch bin und keine Kröte."

Der Pauker sagt für einen Augenblick nichts. Er holt nur tief Atem, wobei ihm der nasse Schneematsch noch tiefer in den Kragen rutscht.

Puck benutzt den Augenblick, um dem Pauker zu entwischen. Der Pauker erfaßt ihn gerade noch am Jackenzipfel.

„Hiergeblieben, Freundchen", ruft er und stellt Puck wieder vor sich hin, „das könnte dir so passen, große Leute belästigen und sich dann still verdrücken. Ich werde mir überlegen, was ich mit dir anstelle."

„Wenn ich's doch aber nicht mit Absicht getan habe?" wagt Puck schüchtern einzuwenden.

Unterdessen haben sich Schüler aus der Volksschule und Gymnasiasten um die kleine Gruppe angesammelt. Sie amüsieren sich großartig und finden, daß Pucks Schneeball gerade den richtigen getroffen habe. Natürlich sagen sie das nicht laut, denn mit dem Pauker möchte keiner zu tun haben.

Der Pauker überlegt lange, denn ihm scheint keine Strafe hart genug, um sie über die beiden Volksschulmissetäter zu verhängen.

Da rät ein Primaner aus seiner Klasse: „Fordere doch die Kleinen zu einer Schneeballschlacht auf, Pauker! Dann kannst du ihnen ihre Frechheit heimzahlen." Aber er blinzelt heimlich zu den Kindern der Volksschule hin, und Benno blinzelt verstehend zurück.

„Wir sind einverstanden", sagt Benno, „stelle deine Mannschaft auf, Pauker, und wir machen das auch."

Der Pauker findet die Idee nicht schlecht. Was können schon die Kleinen gegen sie, die Primaner, ausrichten? Sie werden aus der Schlacht abziehen wie die Schneemänner, und dann wird er sich hinstellen und sie auslachen, so wie ihn das freche kleine Mädchen ausgelacht hat.

„In Ordnung!" sagt er und freut sich insgeheim schon auf einen Sieg. „Um vier Uhr im Johanniterhof! Daß ihr euch aber nicht drückt, sonst schieße ich euren Zwerg auf den Mond." Und er sieht Puck an, als wollte er wirklich diese Drohung wahrmachen.

„Dann wäre Puck der erste Mensch, der auf dem Mond landet", ruft Hummelchen lachend, „wenn Sie das schaffen, werden Sie noch berühmt, Herr Göbel." Sie zieht das „Herr Göbel" so lang, daß der Pauker wütend knurrt.

„Wir drücken uns nie", sagt Benno beleidigt, „wir sind pünktlich da!" Und er winkt seinen Freunden von der „Tüte" und zieht mit ihnen an den Primanern vorbei.

Puck sagt unterwegs: „Die Großen werden uns schön einseifen. Die haben doch mehr Kraft als wir."

„Ich habe auch Kraft", behauptet Benno. „Ich bin nicht umsonst der beste Rennfahrer von Thalburg. Wenn wir alle fleißig zurückballern, sollen sich die Primaner wundern."

Hummelchen sagt nachdenklich: „Es kommt darauf an, daß wir unsere Schneebälle ganz schnell werfen. Und daß wir mehr werfen als die anderen. Wir müssen soviel wie möglich Kinder zusammenrufen, damit sie uns helfen. Wir müssen die Primaner besiegen. Ich möchte nochmal ‚Herrn Göbel' auslachen. Der ist ja zu komisch", und sie denkt an sein dummes Gesicht, während ihm der Schnee den Hals herunterfloß, und will sich ausschütten vor Lachen.

Um vier Uhr ziehen die Kinder von der „Tüte“ und ihre Freunde auf dem Johanniterhof ein. Er ist tief verschneit. Die Fichten biegen sich unter der weißen Last. Die Kinderspielplätze sind vereinsamt, und die Wiesen und Blumenrabatten sind unter einer dicken Schneedecke begraben. Das kleine Heimatmuseum, das ehemalige Johanniterkloster, ist verschlossen. An den Fenstern glitzern Eisblumen.

Die Volksschüler brauchen nicht lange zu warten. Die Primaner treffen bald nach ihnen ein. Sechs sind es, die nun etwas verdutzt auf die Schar der Gegner schauen, die sich kampfbereit vor ihnen aufbaut.

„Mehr als acht sind nicht zugelassen“, sagt der Pauker, „ihr habt dabei noch zwei mehr als wir. Aber die billigen wir euch großzügig zu, weil ihr solche Knirpse seid.“

„Wir schlagen das nicht ab“, meint Benno als Wortführer, „wir wollen ja auch gar nicht alle ballern. Die anderen sind nur unsere Hintermänner. Acht treten gegen euch an, einverstanden?“

„Einverstanden!“ nickt der Pauker und ahnt nicht, was es mit den Hintermännern auf sich hat.

Dann ruft ein Primaner: „Achtung! Fertig! Los!“

Alle Hände fahren in den pulvrigen Schnee, und die Schlacht beginnt.

Die Primaner werfen wie die Wilden, und es sieht aus, als seien die acht kleinen Volksschüler in kurzer Zeit besiegt. Aber die von Hummelchen vorher entworfene Art des Kampfes beginnt sich bald auszuwirken. Jeder der acht Schneeballwerfer hat zwei Hintermänner, die nichts tun, als Schneebälle zu drehen und zuzureichen. So brauchen sich die Kämpfer nicht zu bücken und mit dem Kneten der Bälle ihre Zeit vertun. Jeder kann drei Bälle werfen, während von den Primanern nur einer herüberkommt, und bald stiebt es um die Köpfe wie ein dichtes Schneegestöber. Die Kämpfer auf beiden Seiten stehen hinter einem weißen Vorhang. Sie sehen schon lange nicht mehr, wohin sie werfen. Der stille Johanniterhof ist ein lachendes, keuchendes und rufendes Schlachtfeld geworden.

„Moment mal, Jungs!“ ruft Detlef Müller vom Zimmereigeschäft Müller & Sohn in den Tumult, „ich habe meine Mütze verloren!“

„Keine Zeit!“ ruft Benno zurück, „die Schlacht ist noch nicht zu Ende. Such deine Mütze später!“ Und die Bälle fliegen dem Primaner um den Kopf, während seine kämpfenden Mitschüler die grüne Mütze immer tiefer in den Schnee treten.

Die Volksschüler haben die Primaner immer weiter zurückgetrieben. Die Großen müssen einsehen, daß sie die Schlacht verloren haben. Das verdrießt den Pauker. Er macht einen besonders großen Schneeball, stürzt nach vorn ins Kampfgetümmel und wirft.

Es gibt einen harten Schlag und ein splitterndes Krachen. Die Schneebälle auf beiden Seiten versiegen. Nur eine sprühende Schneewolke liegt noch in der Luft.

„Peng!“ ruft Hummelchen vergnügt. „Jetzt hat's geklirrt!“

Als sich die Schneewolke verzogen hat, sehen sie das Unglück. Der Pauker hat ein Fenster im Untergeschoß des Heimatmuseums getroffen.

Er sieht fast so dumm drein wie heute früh, als ihm das Wasser den Hals hinunterlief. Aber jetzt lacht keiner.

‚So ein Pech!‘ denkt der Pauker. ‚Ich werde die Scheibe ersetzen müssen. Und gerade jetzt bin ich so knapp mit dem Taschengeld, denn ich habe Mutti die ersehnte Handtasche zum Geburtstag geschenkt. Was mache ich bloß?‘ Er will sich auch von niemandem etwas borgen, dazu ist er zu stolz.

Alle bemerken, wie unangenehm dem Pauker die Sache ist.

Da sagt Walter, Bennos Klassenkamerad: „Laß nur, Pauker, das ist halb so wild und besser als ein Beinbruch. Du weißt, daß mein Vater Glaser ist. Er hat immer Glas in seiner Werkstatt übrig. Ich setze es ein, das kann ich schon. Das kostet dich keinen Pfennig. Wir haben ja alle mitgeballert und haben alle unseren Spaß gehabt, stimmt's?“ fragt er in die Runde.

Sie lachen alle und rufen: „Klar ist es so!“ — „Pauker kann nichts dafür.“ — „Das ist die Schneeballschlacht doch wert!“

Und Hummelchen ruft hinterher: „Herr Göbel wollte ja auch gar nicht das Fenster treffen! Er hatte es auf Puck abgesehen.

Da Puck aber noch so klein ist, hat das dem Schneeball leid getan und er ist lieber ins Fenster gesaust."

Nun muß selbst der Pauker lachen. Er freut sich, daß die Knirpse von der Volksschule so sportlich sind.

Und er klopft dem Walter auf die Schulter und sagt: „Bist ein feiner Kumpel! Wenn du mich mal brauchst, bin ich auch für dich da. Die Schneeballschlacht habt ihr gewonnen. Aber sagt mal, wer von euch ist denn auf die Idee mit den Hintermännern gekommen? Das ist ja eine Wucht! Das werde ich mir für später merken, wenn ich mal zu einer Schneeballschlacht herausgefordert werde."

„Die Idee ist von der kleinen Kröte!" ruft Hummelchen.

„Na, so was!" wundert er sich. „Was so ein Tierchen alles zusammendenken kann. Ich werde noch einiges dazulernen müssen." Aber er lacht, der Pauker.

Hummelchen findet, daß er viel netter aussieht, wenn er lacht, als wenn er immer den ernsten Primaner herauskehrt.

Und so verlassen alle in schönster Eintracht den Johanniterhof. Der Schnee, der in der Nacht fällt, verwischt die Kampfspuren, und der alte Klosterhof versinkt wieder in seinen Winterschlaf.

Hummelchen macht eine Entdeckung

Schon seit einigen Tagen muß Fräulein Fröhlich, die Lehrerin, ihre Schüler zur größeren Aufmerksamkeit ermahnen. Es ist eine quirlige Unruhe in der ganzen Klasse, ja, in der ganzen Schule.

„Der Karneval steht vor der Tür", meint Herr Adam, Bennos Lehrer, und seufzt, „da denken die Kinder nur an das Kostüm, das sie tragen werden, und an den Spaß, den der ganze Trubel geben wird. Mit Ermahnungen werden wir nicht weit kommen. Die lustige Zeit geht auch wieder einmal vorbei, und dann sind die Kinder wieder brav."

Herr Adam hat recht. Die Kinder freuen sich auf die Karnevalstage, und sie zwinkern sich zu und tun geheimnisvoll, denn sie wollen natürlich keinem das Kostüm verraten, das sie zum Fasching tragen werden.

Hummelchen sagt zu Conny: „Ich weiß wirklich noch nicht, was ich anziehen soll. Das heißt, eigentlich wüßte ich wohl etwas, aber ich weiß nicht, ob meine Mutti damit einverstanden ist."

„Meine Mutti näht schon an meinem Kostüm", verrät Conny, „aber ich sage dir nicht, was es ist. Du wirst staunen."

„Ist es etwas Buntes?" fragt Hummelchen.

„Ja, bunt ist es", gibt Conny zu.

„Ist es kurz oder lang?" will Hummelchen wissen.

„Lang, nein, nicht lang. Ach was, ich sage nichts. Du willst mich ja nur aushorchen, Hummelchen. Das machst du immer so. Dann weißt du's und machst es mir nach."

„Wirklich nicht, Conny!" beteuert Hummelchen und macht ihre unschuldigsten Augen.

Aber Conny lacht nur und verrät nichts. Auf dem Heimweg von der Schule zerbricht sich Hummelchen den Kopf darüber, welches Kostüm sie wohl wählen könnte. Es ist am besten, sie fragt Mutti. Vielleicht erlaubt sie ihr doch, das anzuziehen, was sie gern möchte.

Der Vater hat im Hof vor dem Haus einen großen Schneemann für Mücke gebaut. Der weiße Mann hat einen alten Hut auf dem Kopf. Zwei Kohlenstückchen sind die Augen, und zwei rote Stoffrestchen dienen ihm als Nase und Mund. Im Arm hält er einen zerbrochenen Besen.

Mücke steht davor mit schiefsitzendem Mützchen, die Hände keck in den Taschen seiner roten Wollhose und macht runde Augen.

„Oh, das ist ein großer Schneemann", sagt er, „so groß wie Papa. Komm, Schneemann, spiele mit Mücke."

Aber der Schneemann lächelt nur verschmitzt und bleibt ruhig an seinem Platz stehen.

„Schneemann, komm", drängelt Mücke, „komm", und seine Händchen in den roten Handschuhen tasten nach dem stillen Mann.

Da kommt Hummelchen durch die schmiedeeiserne Tür in den Hof herein. Sie wirft den Schulranzen in den Schnee und umarmt den kleinen Bruder. Er schlingt seine Arme um ihren Hals und drückt sie heftig.

„Hummi, Schneemann will nicht mit Mücke spielen", klagt er und blickt den weißen Mann vorwurfsvoll an, „Mücke will mit ihm spielen."

„Mit dem kannst du nicht spielen", sagt Hummelchen, „der ist ganz kalt. Er hat keine Beine und kann nicht mit dir springen. Laß ihn nur stehen, Mücke. Den kann man nur ansehen und sich darüber freuen."

„Hummi, spielst du mit mir?" fragt der kleine Bruder.

„Wenn ich Zeit habe, Mücke, spiele ich mit dir", verspricht Hummelchen, „aber erst muß ich Mutti etwas fragen."

Frau Sanftmut kommt gerade aus dem Haus, um nach Mücke zu sehen. Hummelchen saust grüßend an ihr vorbei und stürmt durch die Halle. Es sieht aus, als blicke Onkel Lachmund aus seinem Goldrahmen lächelnd hinter ihr her.

„Mutti, ich habe eine tolle Idee!" ruft Hummelchen. „Es kommt jetzt nur auf dich an, ob ich sie wahrmachen kann."

Die Mutter setzt das Geschirr für den Mittagstisch zurecht und legt die Bestecke daneben.

„So, auf mich kommt es an?" fragt sie lächelnd, „Hummelchen, von allen deinen Ideen waren nur wenige zu verwirklichen . . ."

„Die Idee kannst du wahrmachen, Mutti. Du brauchst nur zu fragen", schmeichelt das kleine Mädchen.

„Zu fragen? Wen denn? Den Vati? Den kannst du doch selbst fragen."

„Aber doch nicht den Vati! Den würde ich schon selbst fragen. Nein, Mutti, den Grafen Thalburg."

„Aber Hummelchen! Willst du aus dem Eichenhaus ausziehen und auf der Burg wohnen?"

Hummelchen muß lachen. „Was du denkst!" sagt sie dann, „als ob ich je aus dem Eichenhaus fortwollte! Mutti, ich brauche ein Kostüm zum Karneval. Etwas ganz Tolles muß es sein. Da dachte ich an die Kleider von Kunigunde und Adelheid. Ich war doch schon einmal die Adelheid, als Susi hier war. Vielleicht könnte ich jetzt mal das Kleid von Kunigunde tragen. Dann gehe ich als Komtesse Kunigunde auf den Karneval."

Die Mutter hat kopfschüttelnd zugehört.

„Das ist eine Idee", sagt sie dann, „aber eine recht schlechte, Hummelchen. Wie kannst du nur denken, daß ich den Grafen Thalburg um ein Kleid bitten würde, das er mit den anderen Schätzen der Thalburg sorgsam hütet und aufbewahrt. Es sind wertvolle Erinnerungsstücke seiner Vorfahren. Niemals würde er die hergeben, damit sie ein kleines Mädchen zum Fasching durch die Straßen trägt. Und ich würde ihn auch nie darum fragen, denn ich weiß, wie sehr er an den alten Sachen hängt. Ich bin froh, daß er damals nichts davon erfuhr, welchen Unfug ihr mit diesen Kleidern getrieben habt."

„Aber Mutti!" Hummelchen ist ganz bestürzt, „so habe ich mir das nicht gedacht. Die Kleider sind doch so alt. Und da dachte ich . . ."

„Eben, weil sie so alt sind, Kind! Nein, nein, uns wird schon noch etwas anderes einfallen. Du sollst ein schönes Kostüm bekommen."

„Aber was?"

Als sie zum Mittagessen in dem alten, holzgetäfelten Speisezimmer sitzen, legt Hummelchen die Frage ihrem Vater vor.

Er sagt: „Wenn du durchaus alte Kleider suchst, Hummelchen, dann rate ich dir, doch einmal auf den Speicher des Eichenhauses zu steigen. Dort oben warst du nämlich noch nicht. Was meinst du, was unter dem hohen, spitzen Dach für Schätze liegen. Ich bin vor ein paar Tagen auch zum erstenmal dort hinaufgestiegen. Ich habe alte Möbel vorgefunden, Truhen mit kupfernen Beschlägen, vollgefüllt mit Stoffen und Kleidern. Alte Spiegel und Bilder, wunderschöne Leuchter und Gefäße . . ." Er seufzt tief auf, „aber das was ich suchte, habe ich nicht gefunden."

„Das goldene Wappen von Thalburg?" fragt Hummelchen.

Er nickt.

„Ich habe alles durchwühlt. Ich weiß nicht, wie groß es ist, aber ich habe in die kleinsten Kästchen gesehen, in denen es hätte sein können. — Nichts. Ich glaube fast auch, daß die Geschichte vom goldenen Wappen nur eine schöne Sage ist."

„Ich weiß nicht, ob ich es für eine Sage halten soll", meint die Mutter sinnend, „aber wenn es ein Wappen gibt, dann ist es nicht klein. Es muß groß sein, denn es soll doch im Rathaus zu Thalburg gehangen haben. Ich schätze es auf einen Meter in der Länge und Breite."

„Wenn es so groß ist, kann man es nicht übersehen", sagt der Vater, „dann hätte ich es finden müssen."

„Muß es denn gerade hier sein?" fragt Frau Sanftmut.

„Das nehme ich an, denn ein Lachmund soll als letzter das Wappen gesehen und an sich gebracht haben. Und wo könnte er es sonst versteckt haben, als in seinem eigenen Hause?"

„Das ist einleuchtend", pflichtet die Mutter bei, „es wird uns wohl nichts weiter übrig bleiben, als das Haus noch einmal von oben bis unten zu durchsuchen."

„Wir helfen alle mit!" ruft Hummelchen.

„Mücke auch!" ruft der Kleine.

Er sitzt auf einem hohen Stühlchen neben Frau Sanftmut und kann schon recht manierlich mit seinem Löffel und seiner Gabel essen.

„In spätestens drei Monaten muß das Wappen gefunden sein, wenn es überhaupt vorhanden ist", sagt der Vater wieder, „dann kann ich noch seine Geschichte erzählen und in mein Buch über Thalburg aufnehmen. Finde ich es bis dahin nicht oder erst später, so muß es ohne das goldene Wappen gedruckt werden. Das wäre schade, denn ich finde, daß das goldene Wappen zur Geschichte Thalburgs gehört. Und die Thalburger hätten ein Recht darauf, gerade am Tage ihrer Tausendjahrfeier das größte und schönste ihrer Geheimnisse geklärt zu wissen."

Nach den Worten des Vaters sitzen sie alle recht nachdenklich am Tisch. Nur Mücke läßt sich sein Gemüse nach wie vor schmekken und schielt dann begehrlich nach dem Pudding auf der Anrichte.

Hummelchen sagt nach einer Weile: „Wir finden das Wappen bestimmt, Vati. Du mußt nur ganz fest daran glauben, dann ist es auf einmal da."

„Schön wär's, Kleine", nickt er, „aber von allein wird es sich nicht einstellen. Wir werden noch fleißig suchen müssen", und er blickt die Mutter an, die ihm gegenüber sitzt, und sagt begeistert, „mein Gott, wäre das eine Freude, wenn wir das Wappen fänden. Biene, stelle dir vor, am Tage der Tausendjahrfeier wird auf einem Festwagen das goldene Wappen der Stadt Thalburg herumgefahren. Ich sehe schon die Augen der Thalburger, ungläubig, aber doch stolz, daß die schönste ihrer Sagen auf Wahrheit beruht. Ach, Biene, ob wir das wohl schaffen?"

„Bestimmt, Thomas", sagt die Mutter, „ganz bestimmt! Hummelchen hat recht, man muß nur fest daran glauben, dann gehen viele Wünsche in Erfüllung."

Hummelchen ist fertig mit dem Nachtisch und fragt: „Mutti, kann ich jetzt gleich auf den Speicher gehen und mir ein Kleid aus der Truhe suchen? Vielleicht finde ich auch so eines, wie die beiden kleinen Mädchen Adelheid und Kunigunde getragen haben."

„Ja, geh nur! Frau Sanftmut wird sicher mit dir kommen, denn ich will Vati bei seiner Arbeit helfen."

„Wir suchen etwas Schönes heraus", verspricht Frau Sanftmut, „Hummelchen soll das hübscheste Faschingskleid bekommen."

„Mücke auch mit!" ruft das Brüderchen und rutscht von seinem Stühlchen herunter.

„Du gehst in dein Bett und machst dein Nachmittagsschläfchen!" sagt Frau Sanftmut.

Sie nimmt ihn an der Hand und verläßt mit ihm das Speisezimmer.

Hummelchen sagt: „Sie ist so lieb, die Oma. Ich kann mir gar nicht denken, wie es war, als sie noch nicht bei uns in Thalburg wohnte. Sie hat immer Zeit für Mücke und mich, und man kann sie alles fragen, was man wissen will. Sie ist gerade so lieb wie ihr, Vati, Mutti."

Die Mutter lächelt: „Ja, Frau Sanftmut ist wie eine richtige Oma. Ich bin recht froh, daß sie bei uns ist. Ich möchte sie nicht mehr missen. Sie gehört einfach hierher in das alte Haus."

Hummelchen läuft zu Frau Sanftmut. Nachdem sie Mücke schlafengelegt hat, steigt sie mit Hummelchen die Treppen hinauf. Die Türen, die zu den Zimmern der oberen Stockwerke führen, sind verschlossen, denn dort oben wohnt niemand. Die Sonne scheint durch die bunten Butzenscheiben der Treppenfenster und wirft ein farbiges Mosaik auf die blanken Dielen.

Frau Sanftmut schließt eine der Türen auf. Sie kreischt ein wenig, als sie geöffnet wird. Eine schmale Treppe führt hinauf auf den Speicher.

Hummelchen steigt hurtig voran. Es ist ein großer Raum, der vor ihr liegt. Derbe Dachbalken stützen das Ziegeldach, das hier oben aber noch nicht spitz zuläuft, denn eine kleine Treppe hinter schmaler Tür führt bis unter den Dachfirst. Der große Speicher enthält mehrere Kämmerchen. Sie sind sonnig und hell, denn das Licht fällt ungehindert durch die ausgebauten Erkerchen mit den kleinen Fenstern.

Hummelchen ist begeistert.

„Hier kann man ja richtig wohnen!" ruft sie, „sieh nur, Oma, wie hübsch es hier ist. Von hier aus kann man direkt zur Burg hinübersehen. So hoch oben sind wir." Dann läuft sie zur anderen Dachseite. „Von hier aus sieht man ganz Thalburg! Ach, wie schön! Sieh nur, dort unten steht Bennos Haus, dort wohnt Conny, und hier unter uns wohnt Heiner! Das schönste Haus ist aber doch das Eichenhaus, nicht wahr, Oma?"

„Das ist es, Hummelchen", bestätigt die alte Frau lächelnd, „und nun wollen wir in die Truhen und Schränke sehen."

Auf dem alten Holz der Möbel mit dem reichen und kunstvollen Schnitzwerk liegt warm die Sonne. Die meisten Schränke tragen die Jahreszahl ihrer Herstellung, und keiner von ihnen ist jünger als zweihundert Jahre. Die Eisen- und Kupferbeschläge an den Türschlössern und -angeln haben ihren Glanz verloren, aber nichts eingebüßt von der Schönheit kunstvoller Schmiedearbeit. Frau Sanftmut hat die Truhen und Schranktüren geöffnet.

Hummelchen schnuppert.

„Es riecht wie Veilchen", sagt sie, „oder wie Rosen, wenn sie im Garten blühen."

„Es ist das Parfüm, das noch in den alten Kleidern hängt", meint Frau Sanftmut, „aber ich weiß nicht, was es ist. Jedenfalls riecht es besser als Mottenpulver."

Und dann heben sie ein Kleid nach dem anderen heraus und halten es ins Sonnenlicht.

„Hummelchen, wie wäre es mit dem lila Kleid? Ich könnte dir ein Veilchenkleid davon nähen. Hier ist noch gelber Samt, das gäbe eine Kappe auf dein Haar. Vielleicht finden wir noch grünen Stoff. Davon mache ich dir ganz enge Hosen. Dann gehst du als Veilchen auf den Karneval."

Hummelchen überlegt.

„Das ist hübsch, Oma", gibt sie zu, „könnten wir aber nicht noch nach etwas anderem suchen?"

„Aber freilich, Kind. Wir sehen uns alles einmal an. Vielleicht finden wir noch etwas Besseres. Wie wäre es mit einem fröhlichen Hampelmann?" Es gibt bald so vieles, was Hummelchen gefällt. Es wird ihr recht schwer, sich zu entscheiden. Da ruft die Mutter von unten her.

„Frau Sanftmut? Könnten Sie einen Augenblick zu mir kommen?"

„Aber gern", ruft Frau Sanftmut zurück, „ich komme gleich!" Und sie sagt zu Hummelchen: „Warte hier, ich komme gleich wieder. Sieh dir alles noch einmal an! Du findest darunter ganz sicher etwas Nettes für den Fasching." Dann eilt sie die Treppe hinunter. Hummelchen bleibt unschlüssig stehen. Was soll sie nur wählen? Es ist wirklich nicht leicht, sich zu entscheiden. Sie beschließt, die Kostümfrage mit der Oma zu lösen und blickt sich um.

Es ist ganz still hier oben. Staubkörnchen tanzen in den Sonnenstrahlen, und hier und da knackt es in den alten Möbeln. Da fällt Hummelchen die schmale Tür wieder auf, die noch weiter hinaufführt.

Was mag da oben wohl noch alles sein?

Die Tür ist nicht verschlossen. Sie knarrt, als Hummelchen sie öffnet. Dumpfe Wärme und Staubgeruch schlagen ihr entgegen. Neugierig und ein wenig bang steigt sie die Stufen hinauf. Aber sie macht es nicht wie der Vater, der auf halber Treppe wieder umkehrte, weil er mit einem Blick übersah, daß der hohe, dreieckige Raum unter dem Dach leer ist.

Hummelchen steigt ganz hinauf. Die kleinen, verstaubten Dachfensterchen lassen das Sonnenlicht nur spärlich herein, aber es ist hell genug, um einen Gang über den ganzen Dachboden zu machen. Hier oben stoßen die derben Holzbalken zusammen, und das Mädchen muß sich oft ducken, um nicht mit dem Kopf anzustoßen.

Nein, es ist wirklich nichts zu sehen hier oben, kein Möbelstück, keine Truhe, keine alten Bilder und Geräte. Durch die blinden Fenster kann man nichts sehen, und die dumpfe Wärme gefällt ihr nicht.

Sie geht zur Treppe zurück. Zu spät denkt sie an die schrägen Balken und stößt sich heftig den Kopf.

„Auweh!" ruft Hummelchen erschrocken und hält sich die schmerzende Stirn. „Das hat ja ganz schrecklich gebumst." Und dann wirft sie einen ärgerlichen Blick auf den Balken. Er sieht aus wie die anderen, und doch trägt er den Schlüssel zu einer großen Entdeckung. Hummelchen sieht einen Zipfel grauen Papieres zwischen dem Holz des Balkens und dem Ziegel des Daches hervorlugen.

Sie zieht das Papier hervor und betrachtet es verwundert. Es ist vergilbt, aber noch fest. Sie faltet es auseinander. Es zeigt Kästchen und Linien, Punkte und Striche ohne weitere Erklärung. Doch in einer Ecke steht das Wort „Thalburg" und dahinter die Jahreszahl 1637. Auf der anderen Seite ist das Thalburger Wappen eingezeichnet: die alte Burg auf dem Berg, umrahmt von zwei mächtigen Eichen.

Hummelchen betrachtet das Papier sinnend. Was mag das wohl zu bedeuten haben? Wie kam das Papier unter das Dach des Eichenhauses? Und dann entsinnt sie sich der Worte des Vaters:

„Ein Lachmund hat das goldene Wappen an sich gebracht und sicher in seinem Haus versteckt."

Doch der Vater hat das Wappen im Eichenhaus nicht gefunden. Hummelchen ist unter dem Dach des Eichenhauses auf ein Stück Papier gestoßen. Vielleicht ist es ein Plan, der anzeigt, wo man das Wappen finden kann?

Hummelchen ist erfreut und aufgeregt. Die schmerzende Stirn hat sie vergessen. Soll sie dem Vater von ihrer Entdeckung sagen? Nein, sie will das Wappen allein suchen. Sie wird es ganz sicher finden.

Schritte kommen von unten.

Frau Sanftmut ruft: „Hummelchen, wo bist du denn? Was tust du denn da unter dem Dach?"

„Ich komme sofort!" ruft Hummelchen zurück, faltet das Papier zusammen, steckt es in ihren Strumpf und hastet die Treppe hinunter.

„Wie siehst du denn aus!" ruft Frau Sanftmut erschrocken, „du blutest ja an der Stirn!"

„So?" sagt Hummelchen nur, „ja, ich habe mich an einem Balken gestoßen. Aber es tut nicht weh. — Ach, ich weiß immer noch nicht, welches Kostüm ich zum Fasching tragen soll. Bitte, hilf mir doch, Oma!"

„Das mache ich, Kleine", sagt die alte Frau, und dann beraten sie zusammen auf dem Speicher des Eichenhauses, das bis heute den Schlüssel zu einem Geheimnis wohlverwahrt hat.

Karneval in Thalburg

Hummelchen hat den Plan sorgfältig in ihrem Zimmer versteckt. Wenn der Karneval vorüber ist, will sie sich auf die Suche nach dem goldenen Wappen machen. Jetzt aber ist sie ganz erfüllt von den Vorbereitungen für die fröhlichen Tage, und welches Mädchen wäre das nicht?

Frau Sanftmut hat ihr ein hellblaues Seidenkleid enger gemacht und gekürzt. Aus dem restlichen Stoff hat sie ihr einen langen Tütenhut genäht, wie sie die Damen im Mittelalter getragen haben. Nun sieht Hummelchen aus wie ein kleines Edelfräulein aus der Ritterzeit.

„Ich gehe als Adelheid von Thalburg", sagt sie.

Auch die Eltern und Frau Sanftmut meinen, daß dieses Kostüm am besten zu den alten Häusern, den winkligen Gäßchen und Brunnen paßt. Mücke wird ein fröhlicher Hampelmann sein, denn das ist das richtige Kostüm für diesen wilden kleinen Burschen.

*

Die Februarnächte sind noch kalt. Doch tagsüber liegt strahlender Sonnenschein über den dickverschneiten Dächern. Der Garten des Eichenhauses sieht wie verzaubert aus. Aber still ist es darin nicht, denn die Vögel lärmen den ganzen Tag bei den Futterplätzen.

Der Abend ist über die kleine Stadt gesunken. Während Mücke schon in seinem Zimmer schläft, sitzt Hummelchen mit den Eltern und Frau Sanftmut in der Halle. Im Kamin krachen die Holzscheite. Es ist wohlig warm in den tiefen Sesseln am Feuer.

Onkel Lachmund lächelt aus seinem Rahmen. Es sieht fast so aus, als wisse er, was Hummelchen unter dem Dachgiebel entdeckt hat. Wenn er noch lebte, würde er sich gewiß freuen, daß nun endlich der Plan gefunden worden ist, den sein Ahne dort versteckte, und daß das goldene Wappen nun wieder an seinen Platz im Rathaus kommen soll, wohin es gehört.

Aber Hummelchen denkt jetzt nicht an das goldene Wappen. Sie denkt an den Karneval und fragt den Vater:

„Weißt du noch, wie wir uns im vorigen Jahr im Fernsehen den Karnevalszug aus Mainz angeguckt haben? Das war toll! Die Menschen trugen alle Kostüme. Sie tanzten und sangen auf der Straße. Es fuhren auch viele geschmückte Wagen durch die Straßen. Es war ein ganz langer Festzug."

„Du weißt es ja noch ganz genau", sagt der Vater lächelnd. „In Thalburg werden übrigens auch ein paar geschmückte Wagen zusammengestellt und in einem Festzug durch die Straßen gefahren. Aber mit einem Festzug aus einer rheinischen Stadt kann er sich natürlich nicht messen. Trotzdem werden sich die Thalburger freuen, denn sie sind auch gern fröhlich in der närrischen Zeit."

„Wieviele Wagen werden es wohl sein?" fragt Hummelchen.

„Ich hörte etwas von zehn oder zwölf Wagen", meint der Vater, „viel ist es nicht, aber wir schauen uns den Zug an. Er kommt an der ‚Tüte' vorbei. Wir können ihn uns bequem vom Fenster aus ansehen."

Hummelchen nickt. Es ist schade, daß der Thalburger Festzug nur so klein ist. Warum soll Thalburg nicht auch einen langen Festzug haben? Sie sieht in die züngelnden Flammen im Kamin und hat schon wieder eine Idee.

Am nächsten Morgen ist sie ganz zeitig in der Schule. Sie hat viel zu tun, denn sie muß zu Connys und Zöpfchens Klasse, sie muß mit Heiner und seinen Schulkameraden sprechen, und zuletzt teilt sie auch ihrer eigenen Klasse ihre Idee mit. Die Kinder sind begeistert. Sie wollen alle mitmachen, denn irgendein Gefährt hat jeder zu Hause.

Sie lachen und rufen durcheinander und überhören das Glokkenzeichen zum Unterrichtsbeginn.

Fräulein Fröhlich steht plötzlich an der Tür und sieht halb belustigt, halb ärgerlich in die aufgeregte Kinderschar.

„Was ist denn mit euch los?" ruft sie in den Lärm. „Meint ihr, der Karneval hat schon angefangen? Ursula, rede du! Was gibt es hier?"

Hummelchen dreht sich hastig um. Es ist plötzlich ganz still in der Klasse.

„Fräulein Fröhlich, ich möchte es nicht verraten", sagt Hummelchen, „es ist noch ein Geheimnis. Sie haben doch gesagt, Karnevalsgeheimnisse darf man nicht ausplaudern, um so mehr Spaß gibt es dann."

„So, es ist ein Karnevalsgeheimnis?" fragt die Lehrerin. „Dann ist es etwas anderes. Aber zum Karneval werde ich es erfahren?"

„Aber ja!“ ruft Hummelchen, „Sie werden es auch sehen, Fräulein Fröhlich! Es wird etwas ganz Schönes!“ Und Hummelchen kichert und zwinkert den Schulkameraden zu.

„So werde ich mich noch ein paar Tage gedulden“, sagt die Lehrerin lächelnd, „und wir wollen jetzt unsere Rechenbücher aufschlagen und den Karneval und seine Geheimnisse vergessen.“

Dann ist es ganz still in der Klasse, nur das Rascheln der Buchseiten ist zu hören.

Nach der Rechenstunde stehen die Kinder aller Klassen auf dem Schulhof in Gruppen beisammen, und es wird eifrig getuschelt und geflüstert. Hummelchen taucht da und dort zwischen ihnen auf und gibt Ratschläge und Anordnungen.

„Es scheint etwas im Gange zu sein“, sagt Herr Adam zu Frau König und Fräulein Fröhlich, mit denen er im Lehrerzimmer am Fenster steht, „in meiner Klasse geht es zu wie in einem Bienenschwarm.“

„Bei mir ist es nicht anders“, meint Frau König, „aber es war nichts aus den Kindern herauszukriegen. Sie schweigen, eins wie das andere.“

Fräulein Fröhlich lächelt. „Sie haben Karnevalsgeheimnisse“, sagt sie, „es ist am besten, wir fragen sie nicht. Ursula Paulsen scheint ihr Anführer zu sein. Wer weiß, was der kleine Wildfang wieder plant. Sie hat immer die drolligsten Ideen. Nun, lassen wir uns am Rosenmontag überraschen.“

Sehr überrascht ist auch mancher Thalburger Bürger, der am Nachmittag durch die Straßen des Städtchens geht. Er sieht viele Kinder mit Handwagen, Kinderwagen und Sportwagen dahinziehen, und alle haben sie ein Ziel, nämlich die „Tüte“. Es ist nur gut, daß die Thalburger ihre Straßen so sauber gefegt haben, denn noch am Tage zuvor war Schnee gefallen, durch den die Kinder ihre Wagen nicht hätten fahren können. Der Schnee liegt zu Bergen getürmt den Rinnstein entlang. Nur in den engsten Gäßchen hat man sich diese Mühe nicht gemacht. Da liegt er noch wie ein dickes, weiches Tuch.

Hummelchen hat das schmiedeeiserne Tor weit aufgemacht, um die vielen Wagen einzulassen. Der Hof reicht kaum noch aus, und noch immer kommen Kinder die „Tüte“ herunter, die ihre Wagen hinter sich herziehen.

Frau Sanftmut tritt durch die schwere Eichentür aus dem Haus, weil sie nachsehen will, woher die lauten Kinderstimmen kommen. Sie sieht erschrocken auf die vielen Hand- und Kinderwagen. Und mitten drin steht Hummelchen und kommandiert.

„Aber Kind!“ ruft Frau Sanftmut. „Was soll denn das bedeuten? Willst du einen Wagenhandel aufmachen? Man sollte eher meinen, es sei Zeit, Schlitten zu verkaufen!“

„Ich will doch nichts verkaufen, Oma!“ ruft Hummelchen, „ich brauche die Wagen für den Karneval.“

„Das verstehe ich nicht“, sagt die alte Frau und schüttelt den Kopf, „ganz sicher weiß auch dein Vati nichts davon, oder doch?“

„Nein, er weiß noch nichts“, bekennt Hummelchen, „weil es noch ein Geheimnis ist.“

„Du mußt ihn fragen. Er wird es sicher auch nicht mögen, daß die vielen Wagen hier stehen ...“

„Was werde ich nicht mögen?“ fragt es hinter Frau Sanftmut, und Hummelchens Vater tritt in die Tür.

„Ja, liebe Zeit!“ Er ist genauso erschrocken wie Frau Sanftmut. „Hummelchen, was ist das für ein Wagenaufmarsch! Mir scheint, du willst einen eigenen Karnevalszug veranstalten.“

„Du hast es erraten, Vati!“ ruft Hummelchen erfreut. „Keiner hat das rausgekriegt. Wir wollen einen Kinderkarnevalszug machen, weil unser Thalburger Festzug nur so klein ist. Das dürfen wir doch, Vati, nicht wahr?“

Hummelchen ist über die Wagen geklettert, denn einen Weg im Hof gibt es nicht mehr, und steht nun vor ihrem Vater.

„Ja, warum eigentlich nicht?“ überlegt er, „zum Karneval ist alles erlaubt, was Freude macht. Hast du dir aber auch überlegt, daß die Wagen geschmückt werden müssen, wenn es nett aussehen soll? Wer wird denn die vielen Wagen schmücken?“

„Nun, alle Kinder und ich“, erklärt Hummelchen.

„Und wo wollt ihr all das Zeug dazu hernehmen?“

Jetzt blickt Hummelchen ein wenig ratlos drein.

„Ich habe noch Buntpapier und die anderen Kinder sicher auch.

Mutti wird noch Kreppapier haben, und etwas können wir auch dazukaufen."

„Hummelchen, das langt alles nicht. Dazu sind es zu viele Wagen. Ich schlage vor, wir suchen uns die zehn besten Wagen heraus und die schmücken wir aus. Es gibt für viele Kinder Arbeit, und wir helfen euch, die Oma, die Mutti und ich. Wir haben viel zu tun und müssen schuften wie die Brunnenputzer, denn in drei Tagen ist es soweit. Wollen wir es so machen?"

„Ja, ja!" schreien die Kinder begeistert, und Benno ruft, „ich schmücke meinen Roller aus und führe den Zug an!"

Damit sind alle einverstanden.

Hummelchen sagt: „Keiner darf etwas davon verraten, was wir vorhaben. Es soll eine große Überraschung werden. Wer sie verrät, mit dem rede ich nie mehr."

Keiner will etwas verraten, denn mit Hummelchen möchte sich niemand entzweien.

In den drei Papierwarengeschäften Thalburgs ist schon am Nachmittag kein Stückchen Krepp-, Seiden- oder Buntpapier mehr zu haben. Von Hummelchen und ihren Freunden ist alles aufgekauft worden. Der Vater hat in der Halle lange Tische aufgebaut. Daran arbeiten die Kinder der „Tüte" und noch ein paar Mädchen aus Hummelchens Klasse. Sie drehen Papierblumen und schneiden unter Anleitung von Hummelchens Eltern fröhliche Bilder aus großen Pappbögen. Sie kleben aus Buntpapier Girlanden, und die Buben hämmern aus Holz drollige Figuren, die sie anmalen und bekleben. Es ist ein emsiges Treiben, auf das der alte Onkel Lachmund aus seinem Rahmen wohlgefällig heruntersieht.

Nach einer kleinen Pause mit Kaffee und Kuchen geht es weiter bis zum Abend. So ist es auch noch an den beiden nächsten Tagen. Dann stehen die Wagen geschmückt in der Halle, denn draußen im Hof würde sie jeder Vorübergehende durch die Gitter sehen.

Hummelchen und ihre Freunde sind voll freudiger Erwartung. Sie können den Rosenmontag, den Tag des Umzuges, kaum erwarten.

„Hoffentlich schneit es nicht wieder", gibt der Vater zu bedenken, „sonst wird es ein schwieriges Fahren mit euren Wagen."

Am Rosenmontagmorgen schaut Hummelchen aus dem Fenster. Nein, es hat nicht geschneit. Der Himmel ist klar, und die Sonne steigt schon über den Hängen herauf. Da weiß sie, daß ihre Überraschung gelingen wird.

Fräulein Fröhlich läßt ihre Klasse schon am Vormittag heimgehen, denn aufmerksam ist keines der Kinder. Sie sind alle mit den Gedanken im Karnevalstrubel.

Hummelchen fragt: „Sehen Sie sich heute auch den Karnevalszug an, Fräulein Fröhlich?"

„Aber bestimmt, Ursula", versichert die Lehrerin, „willst du mir heute deine Überraschung verraten?"

„Nein, Sie werden sie sehen, Fräulein Fröhlich", erwidert Hummelchen, „wenn ich sie Ihnen jetzt schon verrate, ist der ganze Spaß hin." Und dann hüpft sie davon und lacht übermütig.

Nach dem Essen treffen die Kinder von der „Tüte" im Eichenhaus zusammen. Sie kommen in ihren Karnevalskostümen, und nun gibt es erst einmal ein jubelndes Gelächter und viel staunendes Ah und Oh.

Gaby kommt als Holländerin, Zöpfchen als Zigeunerin, Conny ist ein hübscher Page und der kleine Puck eine niedliche Maus. Heiner springt als echter Cowboy über den nachbarlichen Zaun in Hummelchens Garten und landet kopfüber in einem Schneehaufen. Benno hat einen Rennfahreranzug an und einen weißen Sturzhelm auf. Sein Roller steht als „Rennmaschine" umgebaut mit den geschmückten Wagen in der Halle des Eichenhauses, denn auch er zählt mit zu den Überraschungen und darf vorher nicht gesehen werden. Zwei Mädchen aus Hummelchens Klasse sind muntere „Pferdchen". Sie werden Hummelchens Wagen ziehen, auf dem sie als Edelfräulein Adelheid sitzen wird.

Es summt, schwirrt und kichert in der Halle des Eichenhauses. Mücke hüpft die Treppe herunter. Die Glöckchen an seinem Anzug und auf der hohen Tütenmütze klingeln. Er singt und springt zwischen den Kindern umher wie ein Kobold und weiß sich vor Freude nicht zu lassen.

Da kommt flotte Marschmusik die „Tüte" herauf.

„Sie kommen! Sie kommen!“ rufen die Kinder und drängen zur Tür. Die Eltern und Frau Sanftmut rücken die Wagen zurecht. Sie haben jeden Handgriff besprochen, damit alles klappt.

Da kommt der Festzug näher. Voran die Kapelle mit Pauken und Trompeten, dann die kostümierten Thalburger und dazwischen die Wagen. Es sind freilich keine Handwagen. Es sind geschmückte Leiterwagen, Bierwagen aus der Brauerei Weiners und Rollwagen aus der Tischlerei von Müller & Sohn. Lachend, rufend und „Helau“ schreiend ziehen sie am Eichenhaus vorbei, schwenken um und marschieren auf der anderen Seite der „Tüte“ wieder hinunter. Rasch sind die Handwagen auf die Straße gebracht. Benno fährt mit seinem Roller voran. Hummelchen sitzt auf einem geschmückten Stuhl, in einem mit Girlanden und Blumen geschmückten Handwagen. Die anderen Wagen und die Kinder schließen sich an. Mücke macht den fröhlichen Schluß. Er wird, von zwei „Pferdchen“ gezogen, in einem buntbeklebten Wagen gefahren. Er lacht und kräht und klingelt mit seinen Glöckchen.

Der Anblick löst bei den Thalburgern, die in dichten Reihen die Straßen säumen, hellen Jubel aus. Dem Karnevalszug der Großen folgt ein Zug der Kleinen! Niemand hat etwas davon geahnt! Das ist wirklich eine Überraschung! Und sie klatschen und winken den Kindern zu, und die Kinder winken zurück.

Hummelchen wirft Kußhände in die lachende Menge, denn so sollten es ja damals die kleinen Komtessen Adelheid und Kunigunde getan haben, wenn sie mit ihrer Kutsche durch Thalburg fuhren.

Am Nachmittag ist Kinderfest im „Goldenen Stern“ in der Apfelgasse. Der große Saal des Gasthauses ist festlich geschmückt. Die Kapelle spielt den Buben und Mädchen von Thalburg zu fröhlichem Tanz auf. Sie singen und springen und drehen sich im Takt der Musik. Die Eltern, die an den Wänden des Saales sitzen, haben ihre Freude an dem lustigen Treiben.

Als die Kapelle einen Walzer spielt, zwinkert Doktor Fröhlich, der Verlobte von Fräulein Fröhlich, seiner Braut zu und läuft quer durch den Saal zu dem Tisch, an dem Hummelchen mit ihren Eltern sitzt.

„Dürfte ich um ein Tänzchen bitten?" fragt er und verneigt sich vor Hummelchen.

„Aber sicher, Herr Doktor Fröhlich", sagt Hummelchen und lacht, „ich tanze gern mit Ihnen, wenn sonst niemand mit Ihnen tanzen mag." Sie springt auf und läßt sich von ihm auf die Tanzfläche führen.

Lachend dreht er sich mit dem kleinen Edelfräulein in dem langen, hellblauen Seidenkleid und dem hohen, spitzen Tütenhut, an dem ein weißer Schleier flattert. Die anderen Paare treten zurück, und nun tanzt Hummelchen allein mit Doktor Fröhlich im Saal. Das gibt ein Lachen und Klatschen!

Ganz selig liegt Hummelchen am Abend in ihrem Bett, während das sonst so stille Thalburg von Lachen und Musik bis in die späte Nacht erfüllt ist.

Plötzlich fällt Hummelchen das Papier wieder ein, das sie auf dem Speicher des Eichenhauses gefunden hat. Sie glaubt fest daran, daß sie dem Geheimnis des goldenen Wappens auf die Spur kommen wird, und glücklich darüber schläft sie ein.

Die Verschwörung

Die fröhlichen Karnevalstage sind vorüber. Mit dem Aschermittwoch sinkt das kleine Thalburg wieder in sein gewohntes stilles Leben zurück. Die Gespräche der Kinder, die bisher um das närrische Treiben, um Ulk und Heimlichtuerei kreisten, drehen sich wieder um Spiele und Sport und die Schule.

Fräulein Fröhlich kann den Unterricht in der gewohnten Weise fortsetzen, und die Kinder, die ihrer Lehrerin herzlich zugetan sind, folgen willig ihren Worten und lernen fleißig. Zudem stehen ja die Osterzeugnisse in Aussicht, und mancher hat es bitter nötig, seine Noten zu verbessern.

Hummelchen hat den Eltern versprochen, ihre Note in Aufmerksamkeit mindestens auf eine „3" zu bringen. Sicher hätte sie das geschafft, wenn nicht plötzlich dieses geheimnisvolle

Papier aufgetaucht wäre. Immerzu muß sie daran denken, und Fräulein Fröhlich ermahnt sie fast täglich, besser aufzupassen.

Jede freie Minute sitzt Hummelchen über dem Papier und versucht die Linien, Punkte und Kästchen zu deuten, bis es ihr ganz wirr im Kopfe ist, aber sie kommt nicht darauf, was sie darstellen sollen. Fast sieht es so aus, als käme sie nicht auf die Spur des goldenen Wappens.

Soll sie das Papier nicht lieber doch dem Vater zeigen? Er wüßte sicher etwas mit der Zeichnung anzufangen und hätte in kurzer Zeit das Wappen gefunden. Hummelchen seufzt schwer.

Fräulein Fröhlich sieht erstaunt zu ihr hin.

„Ursula, bist du noch da?" fragt sie .

„Ich weiß es nicht", sagt Hummelchen verwirrt, „mir ist, als laufe ich immer durch Thalburg und dann wieder ins Eichenhaus zurück. So komisch ist das."

Fräulein Fröhlich schüttelt verwundert den Kopf, und die anderen Kinder lachen.

„Du mußt dir noch viel Mühe geben, Ursula", meint die Lehrerin, „sonst kann ich deine Noten nicht verbessern."

Hummelchen nickt kummervoll. Fräulein Fröhlich hat gut reden. Sie muß auch nicht über das geheimnisvolle Papier nachdenken. Und Hummelchen seufzt noch einmal tief auf.

Während Fräulein Fröhlich das Märchen vom „Hans im Glück" erzählt und den Kindern damit klarmachen will, daß man durch Unüberlegtheit und Leichtsinn alles Erreichte aufs Spiel setzen kann, hat Hummelchen einen Entschluß gefaßt.

In der Pause zieht sie Benno und Conny beiseite. Sie stehen in der Ecke des Schulhofes hinter einem hohen Schneehaufen.

Hummelchen sieht sich scheu um und flüstert: „Benno, ich bin hinter einem großen Geheimnis her, aber ich schaffe es nicht allein. Willst du mir helfen? Und du auch, Conny?"

„Aber klar!" sagt Benno sofort. „Ich helfe dir. Was soll ich machen?"

„Ich helfe dir auch", nickt Conny, „was ist es?"

Hummelchen sagt nach einer Weile: „Das kann ich jetzt noch nicht sagen, denn es ist ein ganz großes Geheimnis. Keiner darf etwas erfahren. Ich brauche auch noch mehr Helfer. Ich werde

Zöpfchen und Gaby fragen, ob sie mitmachen wollen, und auch Heiner."

„Puck auch?"

Hummelchen überlegt kurz.

„Nein, Puck nicht, er ist mir zu klein. Er kann sicher nicht schweigen und verrät unser Geheimnis."

Puck wäre sehr enttäuscht, wenn er Hummelchens Worte gehört hätte. Er ist genauso alt wie sie und ein tapferer kleiner Kerl. Er würde sich lieber verhauen lassen, als nur ein Wörtchen von Hummelchens großem Geheimnis zu verraten. Hat er nicht damals Hummelchens verdorbenes Festessen aufgegessen? Und hat er Hummelchen verpetzt, als er ins Krankenhaus mußte? Nein, das hat er nicht getan, aber Hummelchen scheint das alles vergessen zu haben. Sie schließt ihn aus der Reihe ihrer Helfer aus.

Aber Gaby, Zöpfchen und Heiner machen mit. Sie stehen alle um Hummelchen herum und flüstern miteinander.

„Heute nachmittag im Marienturm", sagt Hummelchen leise, „sage ich euch alles. Und dann geht die große Jagd los."

Die Kinder von der „Tüte" sind recht gespannt auf das, was Hummelchen ihnen sagen wird. Sie gehen am Nachmittag durch den knirschenden Schnee zum Marienturm. Die alte Burgmauer ist dickverschneit und die Wehrtürme tragen weiße Pudelmützen. Der Schnee ist ohne Spuren, denn wer sollte schon im Winter einen Spaziergang an der Mauer entlang machen oder gar in einen der Türme klettern?

Die Kinder kommen alle pünktlich. Hummelchens großes Geheimnis hat ihre Neugier geweckt. Sie steigen leise die knarrende Treppe hinauf. Hoch ist der Wachtturm ja nicht, aber man kann von ihm aus auf die Dächer der Häuser in der Altstadt blicken.

Hummelchen erwartet sie schon. Das geheimnisvolle Papier knistert in der Tasche ihrer langen Wollhose. Es ist still um sie her. Nur von unten herauf kommt das Bellen eines Hundes irgendwoher aus den engen Gassen.

„Nun sage, was los ist, Hummelchen!" drängt Benno. „Ich platze bald vor Neugier."

„Ich auch", versichert Zöpfchen, „noch nie war ich so neugierig wie heute." Und das will bei Zöpfchen schon etwas heißen.

Hummelchen sagt: „Wir müssen alle ganz leise reden, damit uns niemand hört. Es ist ein ganz, ganz großes Geheimnis, und weil es so groß ist, dürft ihr mit niemand darüber reden. Mit keinem Menschen, auch nicht mit euren Eltern. Verstanden?"

Die Kinder sehen sich an und nicken.

„Hummelchen, sag's endlich", drängt Conny, „ich kann mir nicht denken, was es so Tolles geben soll. Aber ich verspreche dir, daß ich mit keinem darüber rede. Mit keinem!"

„Ihr müßt mir alle euer Ehrenwort geben", flüstert Hummelchen, „euer großes Ehrenwort, denn das kleine ist viel zu wenig. Versprecht mir, daß ihr mit niemand darüber redet, was ich euch jetzt sage?"

„Wir versprechen es!" flüstern sie und schlagen in Hummelchens Hand ein, die sie den Freunden hinstreckt.

„Jetzt habt ihr mir euer Wort gegeben", sagt sie aufatmend, „und nun frage ich euch, habt ihr schon einmal etwas von dem goldenen Wappen von Thalburg gehört?"

„Das goldene Wappen?" fragt Benno und denkt einen Augenblick nach. „Ja, mein Vater sagte einmal, das sei ein hübsches Märchen. Und Märchen sind nicht wahr."

„Ich weiß nichts davon", sagt Gaby.

Zöpfchen weiß auch nichts.

Nur Conny sagt: „Das soll schon lange her sein. Meine Mutti hat es von ihrem Großvater gehört. In Thalburg soll es einmal so ein goldenes Wappen gegeben haben, aber niemand hat es gesehen. Sicher ist es verlorengegangen, oder vielleicht ist die ganze Geschichte überhaupt erfunden."

Heiner zuckt die Achseln. Er weiß davon so wenig wie Zöpfchen und Gaby.

Hummelchen läuft auf den hölzernen Gang hinaus und blickt sich um. Niemand ist zu sehen. Still liegt die Burgmauer mit ihren Wachttürmen. Keine anderen Fußspuren als die der Kinder zeichnen sich im tiefen Schnee ab.

Hummelchen läuft zu den Freunden zurück und dann erzählt sie leise:

„Mein Vati hat die Geschichte von dem goldenen Wappen von Herrn Doktor Glauberecht gehört. Er glaubt fest daran, daß das Wappen noch irgendwo versteckt liegt. Er ist der Freund von meinem Onkel Lachmund gewesen. Sie haben immer in der Halle am Kamin im Eichenhaus gesessen und zusammen Schach gespielt. Mein Onkel Lachmund hat gewußt, wo das goldene Wappen ist, aber er hat es seinem Freund nicht verraten, weil er die Thalburger zur Tausendjahrfeier ihrer Stadt damit überraschen wollte. Onkel Lachmund ist aber vorher gestorben. Ehe er tot war, hat er seinen Freund, den Doktor Glauberecht, rufen lassen, um ihm das Versteck zu sagen. Aber als der ins Eichenhaus kam, lebte Onkel Lachmund nicht mehr. Mein Vati sagt, Onkel Lachmund hat das Geheimnis mit sich ins Grab genommen."

„Toll", flüstert Benno atemlos, „jetzt glaube ich wirklich, daß es kein Märchen ist."

„Ist das eine großartige Geschichte", sagt Gaby leise, „wie aus einem Buch. Wie geht es weiter, Hummelchen?"

„Wenn das Wappen aus Gold ist, muß es doch sehr wertvoll sein", flüstert Zöpfchen und sieht sich um, „wollen wir es suchen und verkaufen?"

„Du bist wohl nicht gescheit", sagt Hummelchen lachend, „das Wappen gehört der Stadt Thalburg. Sie muß es wiederbekommen."

„Wie hat sie es denn überhaupt gekriegt?" fragt Heiner, „hat ihr das jemand geschenkt?"

„Ja, es hat ihr jemand geschenkt", Hummelchen senkt ihre Stimme zu einem kaum vernehmbaren Flüstern herab, „die Geschichte hat uns auch Doktor Glauberecht erzählt. Es ist schon ganz lange her. Damals haben die Leute Krieg gemacht, dreißig Jahre lang. Da hat ein Goldschmied in Thalburg gewohnt. Er konnte wunderschöne Ringe und Armbänder schmieden, Ketten und Bänder, und alles war aus Gold. Er hatte keine Kinder. Immer hat er Kinder haben wollen, und er und seine Frau haben oft in der Kirche darum gebetet. Sie haben brav gelebt und viel Gutes getan, damit der liebe Gott ihre Bitte erhört. Viele Jahre sind vergangen, und sie haben kein Kind bekommen. Da sind sie sehr traurig gewesen. Aber dann hat ihnen der liebe Gott auf einmal drei Buben geschenkt. Das nennt man Drillinge. Da hat der Goldschmied gesagt, wenn ihm die drei Buben am Leben blieben, würde er an ihrem zweiten Geburtstag ein goldenes Wappen für die Stadt Thalburg schmieden. Es sollte im Rathaus aufgehängt werden. Jeder sollte es ansehen und dabei an den glücklichen Goldschmied denken, der drei gesunde Buben hat."

„Oh, Hummelchen", flüstert Gaby, „das klingt wie ein Märchen. Aber ich glaube, es ist keins. Wie ist die Geschichte weitergegangen?"

„Ja, Hummelchen, erzähle weiter!" verlangt Conny mit roten Backen. „Wie ist es dem Goldschmied ergangen?"

„Er hat also das Wappen aus Gold geschmiedet, wie er es versprochen hatte. Seine drei Buben sind am Leben geblieben und hübsche, gesunde Kinder geworden. Aber eines Tages ist auch der Krieg nach Thalburg gekommen. Doktor Glauberecht hat erzählt, daß ein Urahne vom Onkel Lachmund im Stadtrat zu Thalburg gesessen habe. Sehr oft hat ein Lachmund dem Stadtrat von Thalburg angehört", sagte Herr Glauberecht, „auch der Onkel auf dem Bild über dem Kamin. Als die Soldaten auf Thalburg zogen, haben die Bürger schreckliche Angst gehabt. Sie hatten gehört, daß die Soldaten alles plünderten und niederbrannten. Viele Leute sind aus der Stadt geflohen, auch die Stadträte haben das Rathaus verlassen. Keiner hat dabei an das goldene Wappen gedacht. Da ist der Urahne vom Onkel Lachmund noch einmal umgekehrt und hat das goldene Wappen von der Wand des Rathaussaales genommen. Er hat seine Jacke ausgezogen, das Wappen hineingewickelt und ist in Hemd und Hose durch die Straßen gelaufen, um das Wappen zu verstecken, damit es die Soldaten nicht finden."

Die Kinder schweigen eine Weile. Dann fragt Conny:

„Und wo ist es jetzt?"

„Das weiß ich eben nicht", sagt Hummelchen, „ich will es suchen. Wollt ihr mir dabei helfen?"

„Ja! Ja!" rufen sie leise, „aber sicher, Hummelchen! Wir machen alle mit!"

„Aber wo sollen wir suchen?" fragt Heiner. „Sollen wir in jedes Haus in Thalburg laufen?"

Hummelchen schaut rasch noch einmal hinaus durch die kleinen Fensterchen des Wachtturmes und auch den hölzernen Gang entlang. Dann zieht sie das Papier aus ihrer Manteltasche. Die Freunde machen lange Hälse.

„Ich habe etwas unter dem Dach des Eichenhauses entdeckt", flüstert sie und erzählt ihnen, wie und wo sie es gefunden hat, „aber ich finde mich darin nicht zurecht", und sie breitet das Papier vor ihnen aus.

Benno sagt nach einer Weile: „Das sieht aus wie ein Stadtplan von Thalburg. Nur hier drüben die kleine Zeichnung verstehe ich nicht. Aber dahinter kommen wir auch noch. Die Kästchen sind Häuser", und er tippt mit dem Finger darauf.

„Ist das nicht das Rathaus?" fragt Zöpfchen.

„Und das hier der Marktbrunnen?" fragt Conny.

„Ich sehe die Kirche und die Burg", flüstert Benno aufgeregt.

„Ja, wo sollen wir aber nun suchen?" fragt Heiner.

Jetzt erst gewahrt Benno die Jahreszahl 1637 in der Ecke und sagt enttäuscht: „Das ist ja ein ganz alter Stadtplan. Herr Adam hat uns erzählt, daß im Dreißigjährigen Krieg auch in Thalburg viele Häuser niedergebrannt und zerstört worden sind. Wie sollen wir da noch das Wappen finden?"

Hummelchen ist nur für einen Augenblick entmutigt, dann sagt sie hoffnungsvoll:

„Wir werden es bestimmt finden, Benno. Es stehen noch so viele alte Häuser hier. Wir werden uns alle die heraussuchen, die uns verdächtig vorkommen, und die durchsuchen wir. Der Stadtplan wird uns helfen. Ihr habt mir doch versprochen, mitzumachen. Wollt ihr das denn nicht mehr?"

„Aber ja, Hummelchen! Wir lassen dich nicht im Stich!" ruft Conny begeistert. „Alle machen mit. Ich glaube auch, daß wir es finden."

„Wir müssen es so schnell wie möglich finden", sagt Hummelchen, „mein Vati braucht es für seine Geschichte, die er über Thalburg schreibt. Ich schlage vor, wir fangen gleich morgen an."

„Welches Haus sollen wir denn durchsuchen?"

„Wir können doch nicht einfach in ein fremdes Haus gehen und darin herumsuchen", gibt Heiner zu bedenken, „die Leute werden ja böse und verhauen uns."

„Wir müssen uns jedesmal etwas ausdenken", sagt Hummelchen, „sie dürfen gar nicht merken, daß wir etwas bei ihnen suchen. Ihr wißt, daß es niemand erfahren darf, was wir tun."

Benno blickt auf den Stadtplan.

„Was haltet ihr vom Bäcker Semmelweiß?" fragt er. „Er wohnt in einem ganz alten Haus, und seine Backstube hat er unten im Keller. Er könnte da unten gut etwas versteckt haben. Vielleicht weiß er gar nicht, daß er das goldene Wappen in seinem Hause hat."

„Ja, das ist richtig", meint Zöpfchen, „ich glaube sogar, er weiß, daß er das goldene Wappen bei sich hat. Er verläßt kaum sein Haus und ist immer unten in der Backstube. Seine alte Tante verkauft oben im Laden das Brot. Vielleicht weiß sie auch etwas von dem Wappen."

Hummelchen sagt rasch: „Ich werde im Haus des Bäckers Semmelweiß suchen. Ich weiß schon, wie ich das anstelle, damit er nichts merkt. Für euch suchen wir noch andere alte Häuser aus. Wenn wir uns in der Schule sehen, sprechen wir nicht darüber. Wir treffen uns immer hier und erzählen, was wir geschafft haben, verstanden?"

Sie nicken begeistert, und als sie den Marienturm verlassen und mit einem Zweig vorsichtig ihre Fußspuren verwischen, da wissen sie noch nicht, daß sie lustigen, aber oft nicht ganz ungefährlichen Abenteuern entgegengehen.

Bäcker Semmelweiß

Das Haus des Bäckers Semmelweiß steht am Anfang der Turmgasse. Es ist ein alter Fachwerkbau, verwittert und ungepflegt, und macht nicht gerade einen guten Eindruck. Aber sein Handwerk versteht er, der Bäcker Semmelweiß. Sein Brot und seine Brötchen schmecken den Thalburgern, und deshalb kaufen sie auch gern bei ihm.

Der Laden ist im Erdgeschoß. Ein paar ausgetretene Steinstufen führen zum Eingang hinauf, dann kommt man links in den Laden und rechts die Treppe hinunter in die im Keller gelegene Backstube.

Hummelchen betritt am nächsten Nachmittag den Laden.

„Guten Tag", grüßt sie die alte Tante des Bäckers, die gerade einen Korb voll frischer Brötchen ausschüttet.

„Guten Tag", sagt die alte Frau und nickt freundlich, „was darf's denn sein?"

„Einen Negerkuß, bitte!" sagt Hummelchen und holt zehn Pfennige aus ihrem Wollhandschuh. „Sie brauchen ihn nicht einzupacken. Ich esse ihn gleich hier."

Die Frau sieht lächelnd zu, wie Hummelchen ihre Zähne in den weißen Schaum gräbt und genießerisch kaut.

„Ist der Herr Bäcker Semmelweiß auch zu Hause?" beginnt Hummelchen das Gespräch.

„O ja", sagt die alte Frau, „er ist unten in der Backstube."

„Ich möchte ihn etwas fragen", fährt Hummelchen fort, „ich kann doch zu ihm gehen?"

„Nun ja, warum nicht?" meint die Frau, denn was wird das kleine Mädchen schon von ihm wollen? Vielleicht handelt es sich um eine Sammlung. Die Jugend ist ja immer unterwegs, um für einen guten Zweck zu sammeln. „Geh nur in den Keller hinunter", sagt sie, „aber sei vorsichtig, daß du nicht fällst."

Hummelchen hat ihren Negerkuß gegessen, leckt und wischt sich die Finger am Taschentuch ab, grüßt und verläßt den Laden.

Im Hausflur bleibt sie einen Augenblick stehen. Sie weiß noch nicht so recht, was sie den Bäcker fragen soll, aber sie verläßt sich darauf, daß ihr im entscheidenden Augenblick schon etwas einfallen wird. Die Hauptsache ist ja, daß sie sich im Keller so lange wie möglich unbemerkt umsehen kann.

Leise geht sie die Kellertreppe hinunter. Es ist dämmerig. Sie hält sich am Geländer fest. Ein feiner Brot- und Kuchenduft steigt ihr entgegen. Die Mauern sind dick, riechen dumpf und sind mit einer Schicht Staub, Kalk und Sand bedeckt.

Hummelchen tastet sich daran entlang. Ihre Augen haben sich rasch an das Dunkel gewöhnt. Aber nirgends entdeckt sie etwas,

was ihr verdächtig erscheint. Nirgendwo strahlt ihr aus dem Halbdunkel das leuchtende Gold des Wappens entgegen. Da stolpert sie über einen Backtrog. Erschrocken bleibt sie stehen.

Aus dem hinteren Raum, dessen Tür offensteht, ruft die Stimme des Bäckers:

„Wer ist da? Ich bin hier in der Backstube."

Hummelchen tritt näher.

„Nanu", sagt er erstaunt, „was machst du denn hier? Willst du eine Bestellung aufgeben?"

„Ja — nein", stottert Hummelchen und sieht sich in der hellgekalkten Backstube rasch um, „ich wollte Sie etwas fragen. Kann ich Ihnen vielleicht helfen?"

„Du?" Der Bäcker läßt das Rollholz sinken, denn er ist gerade beim Teigausrollen, und sieht Hummelchen belustigt an, „was willst du denn machen? Die Brote formen oder den Teig kneten?"

Hummelchen hat schon die Knetmaschine gesehen und lacht.

„Nein, soviel Kraft wie die Knetmaschine habe ich nicht. Aber ich könnte doch", es kommt ihr ganz schnell in den Sinn, „ich könnte doch die Brötchen austragen."

„Die Brötchen austragen?" überlegt er. „Hm, das wäre nicht schlecht. Einige Leute haben mich schon darum gebeten, aber ich hatte niemand, der Zeit dafür hätte. Wenn du das machen willst, so will ich nicht nein sagen. Man muß ja heute alles tun, um seine Kunden zufriedenzustellen. Du trägst die Brötchen an jedem Wochentag aus, und ich gebe dir dafür wöchentlich zwei Mark und drei Stücke Kuchen. Wie gefällt dir das?"

„Gut", meint Hummelchen, „kann ich gleich anfangen?"

„Heute haben sich die Leute ihre Brötchen schon geholt. Komm morgen früh um halb sieben Uhr!"

„So zeitig?" sagt Hummelchen erschrocken, „ich dachte, ich könnte die Brötchen am Nachmittag austragen."

„Nein, nein, kleines Fräulein. Die Kunden wollen doch die frischen Brötchen zum Frühstück haben. Aber sicher magst du nicht so zeitig aufstehen?"

Hummelchen denkt daran, daß sie sich ja noch viel in des Bäckers Haus umsehen will und auf jeden Fall herausbekommen muß, ob der Bäcker Semmelweiß das goldene Wappen in seinem

Haus versteckt hat. So sagt sie schnell: „Doch, ich stehe gern so zeitig auf. Ich komme morgen früh und trage die Brötchen aus."

Darüber freut sich der Bäcker, und Hummelchen freut sich im stillen auch, denn außer der Suche nach dem Wappen bringt ihr die kleine Arbeit noch zwei Mark und drei leckere Kuchenstücke ein.

Sie schläft recht unruhig in der folgenden Nacht, denn sie hat Angst, sie könnte die Zeit verschlafen. Es beginnt ganz langsam zu dämmern, als es von der Stadtkirche sechs Uhr schlägt. Hummelchen steht leise auf und zieht sich an. Ins Bad zu gehen wagt sie nicht. Das plätschernde Wasser könnte die anderen wecken. Sie schleicht aus ihrem Zimmer, huscht auf Strümpfen die Treppe hinunter und zieht sich auf dem dicken Teppich in der Halle die Stiefel an. Das Bild Onkel Lachmunds hängt im Dämmerschein, aber Hummelchen ist es, als blickten seine verschmitzten Augen zu ihr herab und lächelten ihr zu. Sicher würde sich Onkel Lachmund freuen, wenn er wüßte, daß Hummelchen auf der Suche nach dem goldenen Wappen ist.

Leise schiebt sie den eisernen Riegel zurück und dreht den Schlüssel im Schloß um. Die schwere Eichentür knarrt nur ganz leise, als Hummelchen sie öffnet.

Es hat wieder geschneit. Auf dem freigekehrten Hof liegt eine dünne Schneedecke.

O weh, das Gittertor ist verschlossen, und der Schlüssel ist im Haus. Vorsichtig sieht sich Hummelchen um. Aber niemand ist zu sehen. Das kleine Thalburg schläft noch, und die verschneite „Tüte" sieht aus wie ein Bild auf einer Weihnachtspostkarte.

Gewandt klettert Hummelchen über das hohe Gitter und läßt sich auf der anderen Seite niederfallen.

„Autsch", sagt sie verdutzt und klopft sich den Schnee vom Hosenboden. Dann rennt sie die „Tüte" hinunter und steht bald darauf vor dem Bäckerhaus in der Turmgasse.

„Da bist du also doch", sagt der Bäcker schmunzelnd und stellt ihr den Korb zurecht, „meine Tante hat gestern noch einigen Kunden Bescheid gesagt, daß ab heute ihre Brötchen ins Haus gebracht werden. Hier sind die Beutel mit den Namen und der Anschrift. Du kannst gar nichts verwechseln. Fange am besten in der Braustraße an. So machst du keine unnützen Wege. Es sind ja nur fünf Beutel, aber ich glaube, wenn die Leute erst wissen, daß sie die Brötchen ins Haus getragen bekommen, dann werde ich bald mehr Kunden haben. Nun lauf los, damit du deine Schulzeit nicht verpaßt!"

Liebe Zeit, die Schule! Daß sie daran nicht gedacht hat! Sie muß so zeitig wieder daheim sein, daß man ihr Verschwinden nicht bemerkt, sonst ist es aus mit der Heimlichkeit.

Und sie läuft mit dem Korb am Arm in die Braustraße, hängt den ersten Beutel an die Türklinke des Hauses Nummer 9, in dem der Drogist Blümchen wohnt. Weiter geht es im Trab in die „Hohe Pforte", eine kleine Villenstraße. Dort hat der Direktor der Bleibacher Tuchfabrik sein Haus. Dann läuft Hummelchen quer durch zur Altstadt. Sie ist außer Atem, aber sie hält die Augen offen, um im Vorübersausen alles zu erkunden, was verdächtig ist.

Hier ist eine alte Scheune, da ein verfallener Stall, dort ein Winkel mit einer kleinen Tür, vor der ein rostiger Spaten steht. Vielleicht liegt das Wappen unter dem alten Birnbaum in dem Vorgarten dort?

Hummelchen schwitzt in ihrem Wollanzug. Sie hängt den letzten Beutel an die Tür eines alten Fachwerkhauses „In der Lucke" und macht sich auf den Rückweg zu Bäcker Semmelweiß. Von der Stadtkirche hallen sieben Glockenschläge in den stillen Februarmorgen.

Hummelchen stellt ihren Korb auf den mehligen Tisch in der Backstube.

„Kann ich heute nachmittag ein bißchen zu Ihnen kommen?" fragt sie, „ich möchte Ihnen so gern ein wenig zusehen."

„Wenn es dir Spaß macht, dann komme nur", nickt der Bäcker, und Hummelchen verabschiedet sich rasch und verschwindet. Wenn sie jetzt noch ungesehen heimkommt, dann hat es geklappt.

Es klappt wirklich. Im Eichenhaus ist es noch still. Leise schiebt Hummelchen den Riegel wieder zu und dreht den Schlüssel um. Auf Strümpfen geht sie nach oben in ihr Zimmer und setzt sich aufatmend auf ihr Bett. Dann zieht sie sich bis auf das Unterzeug aus und legt sich ins Bett.

Gleich darauf kommt Frau Sanftmut.

„Hummelchen, aufstehen!" ruft sie durch den Türspalt, „schlaf' nicht wieder ein, sonst kommst du zu spät zur Schule."

„Ich bin so müde, Oma", murmelt Hummelchen blinzelnd, aber sie verbeißt sich ein Lachen.

„Wenn du dich gewaschen hast, wirst du schon munter", meint die Oma und macht die Tür zu.

Hummelchen springt rasch aus dem Bett, huscht ins Bad und macht sich fertig. Das ist ja gutgegangen. Hoffentlich klappt das jeden Morgen so.

Am Nachmittag steht sie bei Bäcker Semmelweiß in der Backstube. Sie sieht ihm beim Backen zu, aber heimlich wandern ihre Augen im Raum umher und betrachten alles.

Nein, an den Wänden ist nichts Verdächtiges zu bemerken, und im heißen Backofen wird der Bäcker das goldene Wappen ganz sicher nicht haben.

Als der Bäcker die Backstube verläßt und in den Laden hinaufsteigt, läuft Hummelchen rasch durch die Nebenräume. Da ist der Vorratsraum mit Mehl, Butter und Eiern, Rosinen und Zucker. Er ist sauber und weißgekalkt. Eine kleine Tür ist in der Seitenwand. Hummelchen öffnet sie hastig und wirft einen Blick in den Raum. Er hat nur ein kleines Fenster, trotzdem ist es so hell, daß Hummelchen die Backtröge, Bretter und Geräte erkennen kann, die der Bäcker braucht. Schnell schließt sie die Tür wieder. In einem anderen Raum liegen Kohlen und Koks, daneben ist der Holzkeller. Hummelchen ist enttäuscht. Sollte der Bäcker das Wappen doch nicht haben?

Drei Morgen lang trägt Hummelchen dem Bäcker Semmelweiß die Brötchen aus, und immer ist es gutgegangen. Aus den fünf Beuteln sind acht geworden, und sie muß sich sehr eilen, wenn sie unbemerkt nach Hause kommen will.

Frau Sanftmut sagt eines Morgens beim Frühstück: „Ich habe gehört, daß der Bäcker Semmelweiß jetzt seine Brötchen austragen läßt. Ein Schulkind kommt ganz früh am Morgen und bringt sie ins Haus. Wir brauchten sie nicht mehr nachmittags zu kaufen und früh aufzubacken, sondern könnten sie uns auch ganz frisch kommen lassen."

Hummelchen bleibt der Bissen im Munde stecken und will nicht herunterrutschen.

Die Mutter sagt: „Bisher haben wir nichts bei Bäcker Semmelweiß gekauft. Wir holen das Brot und die Brötchen bei Mehler in der Burggasse. Das wissen Sie ja, Frau Sanftmut. Ich möchte um eines Vorteiles willen auch nicht den Bäcker wechseln. Trotzdem wäre es natürlich besser, wenn wir die Brötchen früh ganz frisch bekämen."

„Vielleicht liefert Mehler daraufhin jetzt auch ins Haus", wirft der Vater ein.

„Bei Mehler schmecken mir die Brötchen besser", meint Hummelchen und trinkt langsam ihre Milch, um ihr errötetes Gesicht im Becher zu verbergen, „Mehler hat auch einen modernen Laden. Semmelweiß hat gar keinen richtigen Laden."

„Darauf kommt's nicht an", sagt Frau Sanftmut, „die Hauptsache ist ja die gute Ware."

Aber schließlich einigen sich alle, daß man vorläufig doch bei Mehler bleibt. Hummelchen atmet befreit auf.

Am nächsten Morgen hat sie ihre Brötchen fast alle ausgetragen, bis auf einen Beutel. Er gehört in ein altes Fachwerkhaus

„In der Lucke". Als sie den Beutel an die Klinke hängen will, merkt sie, daß die Tür angelehnt ist. Da beschließt Hummelchen, die Brötchen bei der Hausfrau selbst abzugeben.

Der Hausflur ist ziemlich dunkel. Eine schmale, geschwungene Treppe führt ins Obergeschoß. Hinter der Tür zur rechten Seite des Flurs hört Hummelchen das Geräusch fließenden Wassers. Da klopft sie an die Tür und tritt ein. Es ist die Küche. Sie ist klein und altmodisch eingerichtet.

„Guten Morgen", grüßt Hummelchen fröhlich, „die Haustür war offen, da bin ich gleich hereingekommen, um Ihnen die Brötchen zu bringen."

„Ach herrje", sagt die Frau erschrocken, „ich habe die Tür offengelassen, als ich draußen war, um den Schnee wegzukehren. Ich danke dir, mein Kind. Bist du es, die uns jeden Morgen die Brötchen bringt?"

„Ja", nickt Hummelchen, „gelt, das ist schön? Nun brauchen Sie nicht mehr selbst zu gehen, und die Brötchen sind immer frisch."

„Ja, das ist schön, denn ich bin ja schon alt, und da fällt einem das Gehen etwas schwer. Warte, ich habe etwas für dich."

Und sie holt aus einem Glas einen Stielbonbon. Sie muß sich öfter etwas von anderen Kindern besorgen lassen und hat daher immer ein paar kleine Süßigkeiten im Hause.

„Danke schön!" sagt Hummelchen und knickst, „es war aber nicht nötig, denn ich bringe die Brötchen gern zu Ihnen."

Hummelchen wendet sich schon zum Gehen, da hört sie eine Stimme aus dem Nebenzimmer. Sie klingt ein wenig ungeduldig.

„Frau, wo hast du nur das wertvolle Wappen hingetan? Du weißt doch, daß ich es nicht gern habe, wenn du in meinen Sachen aufräumst. Du sollst es hier an der Wand hängen lassen. Da kann ich es am besten bewundern."

Hummelchen erschrickt. Was hat der Mann da gesagt? Ein Wappen hat er, ein wertvolles Wappen? Sollte es etwa hier sein?

Hummelchen beschließt, die Freunde für heute nachmittag in den Marienturm zu rufen, um die Neuigkeit mit ihnen zu besprechen.

Sie grüßt hastig und eilt aus dem Hause. Aber diesmal hat sie kein Glück. Als sie sich leise ins Eichenhaus schleicht und die Tür zur Halle hinter sich zudrückt, sieht sie den Vater im Sessel am Kamin sitzen.

„Guten Morgen, mein Fräulein!" ruft er, „ich nehme an, du hast schon eine Schlittenfahrt gemacht."

„Nein, Vati", sagt Hummelchen kleinlaut, „ich habe für den Bäcker Semmelweiß die Brötchen ausgetragen."

„Nun, sieh einer an", wundert er sich, „davon haben wir ja gar nichts gewußt. Wie bist du denn auf die Idee gekommen?"

„Ja, weißt du", meint sie schnell gefaßt, „mein Taschengeld ist so arg klein, und die Preise werden immer höher. Da mußte ich mich nach einem Verdienst umsehen."

Er muß wider Willen lachen.

Aber dann fragt er: „Warum hast du dann nicht erst mit mir gesprochen? Vielleicht hätte ich dir etwas zugelegt."

„Ach, Vati, ich bin doch schon so groß. Ich kann mir wirklich etwas selbst verdienen, und Spaß macht mir's auch noch."

„Das kann schon sein, Hummelchen. Aber es gefällt mir nicht, daß du so früh aufstehst und noch vor dem Schulunterricht in der Stadt herumläufst. Wenn du mal etwas brauchst, das du mit deinem Taschengeld nicht bezahlen kannst, so sag' es mir doch. Was ist es denn?"

„Ach — nichts Besonderes", murmelt Hummelchen verlegen, „ich war eben bloß nicht ausgekommen", und dann fügt sie hastig hinzu: „Aber nun reicht's ja."

„Nun, gut!" sagt der Vater. „Dann versprich mir aber, daß du dich in Zukunft an mich wendest. Und heute nachmittag sagst du dem Bäcker Semmelweiß, daß dein Vater dir diese Arbeit nicht erlaubt, weil du sonst schlechte Noten in der Schule bekämst."

Hummelchen nickt. Sie ist froh, daß der Vater die Wahrheit nicht herausbekommen hat. Und angelogen hat sie ihn doch auch nicht, denn das Taschengeld ist wirklich klein und könnte eine Aufbesserung vertragen. Zudem hat der Bäcker Semmelweiß das goldene Wappen nicht. Die Spur führt in das alte Fachwerkhaus „In der Lucke".

Das getauschte Wappen

Im Marienturm treffen die Verschwörer wieder zusammen. Sie haben in den letzten Tagen viel beobachtet und die Augen offengehalten. Jeder versucht, zuerst zu Wort zu kommen.

Conny sagt: „Im Obstgäßchen ist eine alte Scheune. Die sieht recht verdächtig aus. Ich wollte hineingucken, aber da kam eine Frau aus dem Nebenhaus, und da wagte ich es nicht mehr. Die Scheune müssen wir uns einmal ansehen."

„Hast du schon an die Stadtkirche gedacht, Hummelchen?" fragt Gaby, „in der Kirche kann das Wappen auch sein, denn da hinein haben sich die Räuber ganz sicher nicht gewagt."

„Pah, das denkst du!" ruft Benno, „im Dreißigjährigen Krieg haben sie auch die Kirchen ausgeplündert. Wenn das Wappen dort wäre, hätte es der Pfarrer längst entdeckt und dem Bürgermeister gemeldet."

„Es kann ja unter der Kirche versteckt liegen", wirft Zöpfchen ein, „der Pfarrer geht bestimmt nie in den Keller unter der Kirche. Der Kirchendiener versorgt die Heizung. Vielleicht weiß er von dem Wappen und will sein Geheimnis nicht verraten."

Heiner ruft: „Die meisten Verstecke hat doch die Burg. Warum suchen wir nicht dort!"

„Jetzt laßt mich doch auch mal etwas sagen", wirft Hummelchen dazwischen, „ich komme ja gar nicht zu Wort. Ich habe nämlich schon eine Spur gefunden, eine sichere Spur . . .".

„Beim Bäcker Semmelweiß?"

„Nein, bei dem nicht!" Und Hummelchen erzählt schnell ihre Erlebnisse, die sie bei ihm und auf ihren Gängen durch die Stadt hatte. „Das Wappen hat ein alter Mann ‚In der Lucke'. Ich brachte seiner Frau jeden Morgen die Brötchen, und heute früh hörte ich, wie er von einem kostbaren Wappen sprach. Das kann nur das goldene Wappen von Thalburg sein."

Die Kinder sehen sich an.

„Ja, das kann es sein", meint Conny, „was machen wir nun?"

„Wir müssen ihm sagen, daß er das goldene Wappen nicht behalten darf. Es gehört der Stadt Thalburg", sagt Zöpfchen.

„Wir schicken den Bürgermeister zu ihm!" ruft Heiner.

„Wir sehen es uns erst mal an", sagt Hummelchen, „denn er hat ja gesagt, die Frau soll es hängenlassen. Also hängt es an der Wand. Vielleicht ist es gar nicht unser goldenes Wappen."

„Was soll es denn sonst sein? Hummelchen, wir müssen zu ihm", drängt Conny, „jetzt gleich. Oder willst du erst morgen mit dem alten Mann reden?"

Hummelchen sagt: „Mein Vati mag nicht mehr, daß ich die Brötchen austrage. Ich komme also nicht mehr in das Haus ‚In der Lucke'. Kannst du nicht das Brötchenaustragen übernehmen, Benno? Wir dürfen den alten Mann jetzt nicht mehr aus den Augen lassen."

Benno druckst ein wenig. Das Frühaufstehen fällt ihm schwer. Aber schließlich hat er Hummelchen versprochen, ihr bei der Suche nach dem goldenen Wappen zu helfen, und Benno-Bumm hält immer sein Wort.

„Du bekommst ja auch zwei Mark und drei große Stücke Kuchen vom Bäcker Semmelweiß", lockt Hummelchen.

Nun ja, das möchte sich Benno nicht entgehen lassen, und so sagt er zu. Ist das Wappen erst gefunden und sichergestellt, kann er ja den Posten des Brötchenaustragens wieder aufgeben. Bäcker Semmelweiß wird schon einen Ersatz für ihn finden. Es gibt ja noch mehr Jungen in Thalburg.

„Ich schlage vor, wir gucken uns das Haus heute abend mal näher an", meint er, „vielleicht finden wir schon irgend etwas, das uns weiterhilft. Vielleicht sehen wir auch das goldene Wappen an der Wand hängen."

„Aber wir gehen nicht alle, das fällt auf", erwidert Hummelchen. „Du und ich und Heiner! Conny, Gaby und Zöpfchen kommen am nächsten Tag mit, wenn wir das Wappen abholen. Es ist sicher schwer, und wir müssen uns im Tragen abwechseln."

Die drei Mädchen nicken. Sie wären zwar gern am Abend mitgegangen, aber wenn es Hummelchen anders bestimmt, dann fügen sie sich.

Unbemerkt und ihre Spuren im Schnee verwischend, schleichen alle aus dem Marienturm.

Hummelchen sagt am Abend: „Ich gehe noch mal zu Heiner 'rüber, Mutti. Das darf ich doch, nicht wahr?"

Die Mutter nickt. Warum sollte Hummelchen nicht ins Nebenhaus zu ihrem Freund gehen?

Hummelchen zieht sich Jacke und Mütze über und huscht zur Tür hinaus.

Heiner wartet schon auf sie.

Er hat zu seiner Mutter gesagt: „Mutti, ich gehe zu Hummelchen", und das tut er.

Die „Tüte" liegt im Abenddämmer. Der Schnee leuchtet matt im Schein der Straßenlaternen. Es ist so still, als wohnten nur die drei Kinder in der kleinen Stadt Thalburg, die eilig die „Tüte" hinunterhuschen. In der Braustraße begegnen sie ein paar Leuten, aber die achten nicht auf die Kinder, die an ihnen vorübergehen. Es ist ja noch nicht spät, nur die zeitig hereinbrechende Dämmerung erweckt den Eindruck, daß die Nacht nicht mehr fern sei.

„Gleich sind wir da", flüstert Hummelchen und eilt Benno und Heiner voran.

In dem alten Fachwerkhaus „In der Lucke" ist es still. Die Fensterläden auf der Straßenseite sind geschlossen. Ein Lichtschein, schmal wie eine Stricknadel, dringt durch eine Ritze.

„So ein Pech!" flüstert Benno. „Sie haben ja die Läden zu. Wir können nicht in die Stube hineinsehen."

Hummelchen meint: „Laß mich mal nachdenken. Neben der Haustür liegt die Küche. Also ist das hier das Küchenfenster. Da halten sich der Mann und die Frau sicher auf. Der Mann war in einer Stube hinter der Küche, als er mit der Frau sprach. Wir müssen um das Haus herumgehen. Dort hinten ist das Fenster, das wir suchen."

„Und wenn die Läden zu sind?" fragt Heiner.

„Dann haben wir Pech gehabt", meint Benno und zuckt die Schultern.

Aber Hummelchen verliert nicht so schnell den Mut. Sie schleicht den anderen voran und winkt ihnen, zu folgen. Sie gehen an drei anderen Häusern der „Lucke" vorbei, denn die Nachbarhäuser stehen dicht beieinander. Sie umgehen die Häuser und huschen auf schmalem Pfad an der Hinterfront der „Lucke" zurück. Jedes Haus hat sein Gärtchen, klein, aber im

Sommer liebevoll gepflegt, doch jetzt dick verschneit im dämmerigen Februarabend.

Der Zaun ist niedrig. Die Kinder sind mit einem Sprung darüber hinweg. Der Schnee ist wie ein weißer Teppich, der zwar ihre Tritte lautlos werden läßt, dafür aber die Spuren deutlich zeigt, die ihre festen Stiefel hinterlassen.

Vorsichtig pirschen sich die Kinder an die Rückseite des Hauses heran. Hier ist kein Lichtschein zu sehen. Nur aus einem Fenster im Obergeschoß des Nachbarhauses fällt ein gelber Lampenschein auf den Schnee im Gärtchen darunter. Hummelchen legt den Finger auf den Mund und winkt die Buben zu sich. „Seid bloß still, daß uns niemand hört", flüstert sie, „die Leute denken sonst, wir wollten einbrechen . . ."

„Wir könnten doch das Wappen von der Wand nehmen, das wäre am einfachsten", meint Heiner und kichert, „wozu sind wir denn hier?"

„Du bist wohl nicht gescheit", flüstert Hummelchen, „ich will es nur mal ansehen. Morgen gehen wir zu den Leuten und sagen ihnen alles. Wenn der alte Mann erst weiß, was es mit dem Wappen auf sich hat, wird er es der Stadt Thalburg bestimmt zurückgeben."

„Hummelchen, jetzt sage, wo die Stube ist, in der du das Wappen vermutest." Benno wird ungeduldig, „es ist gut, daß hier auf der Rückseite des Hauses die Läden nicht zu sind, so können wir in die Wohnung hineinsehen."

Hummelchen geht in Gedanken noch einmal durch das Haus. Dann meint sie: „Es müßte dieses Fenster sein." Und sie zeigt nach oben.

„Es sind aber drei Fenster", sagt Benno, „welches ist es nun?"

„Das hier", sagt sie schnell, „nein, warte Benno, das daneben ist es. Ja, das ist es bestimmt. Ich weiß es jetzt genau."

Hummelchen weiß nicht, daß neben der kleinen Stube, aus der der alte Mann mit seiner Frau sprach, das größere Wohnzimmer liegt. Die drei Fenster liegen dunkel und still über ihnen und Hummelchen zeigt zu einem der beiden Wohnzimmerfenster hinauf.

„Also los!" flüstert Benno. „Wer steigt hoch?"

„Natürlich ich!" bestimmt Hummelchen. „Stelle mir einen Bock, Benno! Ich gucke zuerst durchs Fenster."

Benno macht gehorsam den Rücken krumm. Hummelchen steigt hinauf, und da die Fenster nicht hoch liegen, kann sie bequem in die Stube hineinsehen. Es ist dunkel darin, aber der fahle Himmel, durch dessen Nebelwolken das Mondlicht schimmert und den Schnee aufleuchten läßt, macht das Innere des Zimmers leicht dämmerig. Sie erkennt die Umrisse von Möbeln, und ihr Blick gleitet hastig an den Wänden entlang.

Benno flüstert, „beeile dich, Hummelchen. Dein Gewicht ist nicht von Pappe. Wir wollen das Wappen auch noch sehen. Hast du es schon gefunden?"

Da — an der Wand gegenüber — glänzt etwas Rundes. Der Mond kommt für eine Sekunde aus den Wolken und läßt das Gold aufleuchten, dann ist nur wieder ein schwacher Schein an der Wand, so, als habe jemand einen Schleier über das goldene Wappen gezogen.

Hummelchen hält den Atem an. Das muß das Thalburger Wappen sein! Sie kann es zwar nicht genau erkennen, aber sie hat das goldene Leuchten gesehen, und wenn es auch nur ganz kurze Zeit war.

„He, Hummelchen", knurrt Benno unter ihrer Last, „bist du eingeschlafen? Siehst du es?"

„Ja", flüstert sie, „ich sehe es. Er hat es wirklich. Ich glaube, er weiß gar nicht, daß es ein großer Schatz ist, sonst würde er es nicht so leichtsinnig an die Wand hängen, wo es jeder sehen und ihm wegnehmen kann."

„Komm herunter!" Benno ruckt hin und her, so daß Hummelchen sich am Mauerwerk festhalten muß. „Wir wollen es auch sehen. Jetzt steige ich hoch."

„Und ich? Wann komme ich dran?" fragt Heiner.

„Du kommst auch noch dran", sagt Benno und streckt den Rücken, denn Hummelchen ist heruntergesprungen, „erst kommen immer die Großen."

„Hummelchen ist ja genauso groß wie ich", murrt Heiner.

„Zankt euch nicht", mahnt Hummelchen, „sonst merken noch

die Nachbarn, daß wir hier in einem fremden Garten sind. Steig hoch, Benno, ich helfe dir!"

Benno ist der längste von ihnen. Er zieht sich am Mauerwerk hoch und die anderen schieben von hinten ein bißchen nach und drücken ihn gegen die Wand.

„Wahrhaftig", flüstert er mit einem raschen Blick durchs Fenster, „das Wappen hängt an der Wand. Ganz aus Gold ist es. Das ist vielleicht eine Wucht!" Und er springt wieder herunter.

Er macht noch einmal kameradschaftlich den Rücken für Heiner krumm, und der Freund ist genauso begeistert wie die anderen zwei. Heiner möchte sich am liebsten gar nicht von dem matten Leuchten des Goldes an der Wand trennen. Benno wird ungeduldig.

„Wenn du nicht herunterkommst, werfe ich dich in den Schnee", droht er, „ich bin schon ganz steif."

„Gleich", flüstert Heiner, aber er guckt und guckt.

Da richtet sich Benno auf und läßt Heiner in den Schnee fallen.

„Autsch!" ruft Heiner verdutzt, „du gönnst mir aber auch gar nichts!"

„Pscht", macht Hummelchen entsetzt, „was fällt euch denn ein?" Und sie zieht die beiden Jungen rasch an die Wand zurück und legt ihnen die Hand auf den Mund.

Im Nachbarhaus öffnet sich das Fenster, dessen Lichtschein auf den Schnee fällt. Ein Mann beugt sich heraus und fragt:

„Ist da jemand? — Na, so was, mir war doch, als hätte ich Stimmen gehört!"

„Du wirst dich geirrt haben", entgegnet eine Frau von drinnen.

Der Mann, dessen Augen vom Lampenlicht geblendet sind, sieht die Kinder nicht, die sich gegen die Mauer des Nachbarhauses pressen. Er schüttelt noch einmal verwundert den Kopf, dann schließt er das Fenster. Eine Gardine wird davorgezogen. Der Lichtschein auf dem Schnee erlischt.

„Da haben wir noch mal Glück gehabt", flüstert Hummelchen, „jetzt nichts wie fort! Was wir erfahren wollten, haben wir gesehen." Und sie läuft den beiden Jungen voran, klettert über den Gartenzaun und rennt den Pfad hinunter. Die Jungen hasten hinter ihr her.

„He, Hummelchen, warte", keucht Benno, als sie die „Lucke" entlanglaufen. „Jetzt brauchen wir nicht mehr zu rennen. Wir müssen überlegen, was wir tun wollen, um das Wappen zu bekommen. Willst du es deinem Vater sagen?"

Hummelchen meint: „Nein, erst gehen wir selbst hin. Wir lassen uns das Wappen zeigen und sagen dem Mann, daß er es nicht behalten darf, weil es der Stadt gehört. Wenn er es nicht hergeben will, sage ich es meinem Vati."

Die Jungen sind einverstanden.

„Wenn du morgen früh die Brötchen zu ihnen bringst, Benno, sage ihnen noch nichts davon. Wir gehen am Nachmittag zu ihnen. Dann sollen sie alles erfahren."

Sie stapfen durch den Schnee heimwärts und freuen sich schon auf den nächsten Tag.

*

Und dann stehen sie am folgenden Nachmittag vor dem kleinen Fachwerkhaus der alten Leute. Sie klopfen an die Haustür, an der ein Schild mit der Aufschrift „Wilhelm Zimmermann" befestigt ist.

Frau Zimmermann öffnet ihnen.

„Da ist ja meine kleine Brötchenausträgerin", sagt sie erfreut, als sie Hummelchen sieht, „was gibt es denn, meine Kleine?"

„Meine Freunde und ich müssen etwas mit Ihnen und Ihrem Mann besprechen", sagt Hummelchen geheimnisvoll, „dürfen wir eintreten?"

„Aber sicher", sagt die alte Frau freundlich, „kommt nur herein, ihr drei! Ihr macht ja so feierliche Gesichter. Da bin ich aber neugierig, was ihr zu berichten habt."

Der alte Herr Zimmermann sitzt in der Küche vor einer Tasse Kaffee und sieht den Kindern gutgelaunt entgegen.

„Ich freue mich immer, wenn Besuch kommt", sagt er, „zumal, wenn er noch so jung ist. Da denke ich immer an meine Kinderzeit und an die Streiche, die ich gemacht habe . . ."

„Aber Wilhelm!" mahnt seine Frau und wirft ihm einen vorwurfsvollen Blick zu.

„Na ja", lenkt er ein und zwinkert, „Spaß und Streiche gehören zur Jugend, wenn sie nicht böse gemeint sind. Jetzt bin ich alt und meine ganze Freude ist meine Wappensammlung . . ."

„Deswegen kommen wir zu Ihnen!" ruft Hummelchen schnell, denn das Stichwort ist gefallen, „wir möchten uns gern einmal Ihre Sammlung ansehen, Herr Zimmermann."

„Aber gern", sagt er bereitwillig, denn er freut sich immer, wenn jemand Interesse für seine Sammlung zeigt, „kommt nur mit in mein kleines Zimmer, da habe ich sie."

Er steht auf und humpelt vor ihnen her. Die Kinder treten erwartungsvoll hinter ihm in die Stube. Gleich werden sie das goldene Wappen an der Wand sehen. Die Stube ist altmodisch gemütlich eingerichtet. Wappen aus Pappe, Metall und Stein zieren in allen Größen die Wände. Auf dem Tisch liegen dicke Bücher und Mappen.

Hummelchens Augen huschen an der Wand entlang. Dort, gegenüber dem Fenster, müßte das Wappen hängen. Aber da hängt nicht das Thalburger Wappen, sondern ein Bild, das die Eheleute Zimmermann als Hochzeitspaar zeigt.

Hummelchen ist enttäuscht. Sie weiß nicht, daß sie und die Jungen am vergangenen Abend durch das Fenster ins Wohnzimmer geblickt und dort die alte Wanduhr mit dem Perpendikel aus Messing gesehen haben. Da das Uhrwerk abgelaufen war und der Perpendikel still hing, so mochte ihnen das matte Metall im Dämmerschein wohl wie das goldene Wappen erschienen sein.

„Da, schaut her", sagt der alte Mann und schlägt die Bücher auf, „all die Wappen habe ich zeit meines Lebens gesammelt, so wie andere Leute Briefmarken oder Bierdeckel sammeln. Sind sie nicht schön? Ein jedes erzählt die Geschichte seiner Stadt, seines Landes oder seiner Familie. Die meisten Wappen zeigen Tiere, den Löwen, den Adler, den Bären. Es sind starke Tiere, die sich die Menschen als Beschützer auswählten. Aber auch andere Symbole nahmen sich die Menschen in ihre Wappen . . ."

„Haben Sie auch das Thalburger Wappen, Herr Zimmermann?" fragt Hummelchen.

„Aber ja", versichert er, „das habe ich oft. Sieh, hier ist eine ganze Reihe davon in Schwarzweiß und auch in Buntdruck und dazu die Beschreibung, wie das Wappen entstanden ist. Hier an der Wand habe ich noch ein Wappen von Thalburg auf Zinn geprägt."

Das Wappen ist so groß wie ein Handteller. Deutlich und sauber herausgearbeitet hebt sich die Thalburg, umrahmt von zwei mächtigen Eichen aus dem stumpfen, grauen Metall. Das Wappen ist schön, aber es ist nicht das, was die Kinder suchen.

Wo ist das goldene Wappen, das sie an der Wand sahen? Will es der alte Mann vor ihnen verbergen?

Benno und Heiner sehen sich an. Hummelchen faßt sich ein Herz und fragt: „Sicher haben Sie auch sehr wertvolle Wappen, Herr Zimmermann. Können wir die auch sehen?"

„Wertvoll sind sie eigentlich alle", meint er, „von meinem schönsten Wappen habe ich mich heute früh getrennt. Da kam ein Wappensammler und wollte es haben. Ich wollte ja erst nicht mit ihm tauschen, aber er bot mir ein ganz seltenes Stück an, das ich schon lange haben wollte. Da habe ich endlich eingewilligt, und ich glaube, ich habe damit keinen Fehler gemacht. Da seht her, was er mir gebracht hat!"

Hummelchen ist überzeugt, daß er von dem goldenen Wappen gesprochen hat, denn sie sieht es nirgendwo. Sie tritt mit klopfendem Herzen an den Tisch heran und starrt auf das kleine, bunte Wappen, das der alte Mann behutsam und liebevoll dorthingelegt hat.

„Es ist ganz alte Emaille", erklärt er, „nach einem besonderen Verfahren angefertigt. Das Wappen zeigt die Symbole der Ritter von Holzhausen aus dem Jahre 1489. Es ist ein wertvolles und jahrhundertealtes Stück."

Benno und Heiner sagen nichts, aber Hummelchen ruft:

„So wertvoll wie das Wappen, das Sie weggegeben haben, ist es bestimmt nicht! Wem haben Sie es gegeben? Wir wollen es uns ansehen."

„Aber Kind!" ruft der alte Mann erstaunt, „warum bist du so aufgeregt? Hast du soviel Interesse an den alten Wappen? Gewiß, das andere Wappen war auch schön und wertvoll, aber ich glaube doch, daß ich eines Tages ein gleiches wiederbeschaffen kann. Das kleine Emaillewappen ist ebenso kostbar. Es war ein

Fremder, der mich heute früh besuchte. Er sagte, er sei auf einer Geschäftsreise und habe hier in Thalburg gehört, daß ich Wappen sammle. Deshalb sei er zu mir gekommen, um zu sehen, ob ich etwas für ihn zu tauschen hätte. Da gab ich ihm mein schönstes und wertvollstes Wappen."

„Wo wohnt der Mann?" fragt Hummelchen hastig, „und wie heißt er?"

„Er nannte sich Huber", erwidert Herr Zimmermann und schüttelt belustigt den Kopf über den Eifer des kleinen Mädchens, „er ist im ‚Goldenen Stern' abgestiegen."

„Danke schön!" ruft Hummelchen, „komm Benno, komm Heiner", und sie ist so schnell draußen, daß der alte Mann verwundert hinter ihr her sieht.

„Aber Kind!" er humpelt ihnen bis zur Haustür nach, „was soll das? Willst du es mir nicht sagen?"

„Später!" ruft Hummelchen zurück, „jetzt haben wir keine Zeit." Und sie läuft mit Benno und Heiner die „Lucke" hinunter und verschwindet hinter den letzten Häusern der Straße.

Auf neuer Spur

Das Gasthaus zum „Goldenen Stern" in der Apfelgasse ist ein altes Haus. Es ist aber vor zwei Jahren umgebaut worden, hat eine neue, moderne Haustür bekommen und breite Fenster mit bunten Scheiben, und so sieht es recht einladend aus. Dort also wohnt der geheimnisvolle Fremde, der vermutlich das kostbare Wappen von Thalburg hat.

Hummelchen zwinkert Benno und Heiner zu. „Was meint ihr, was der für ein Gesicht macht, wenn wir ihm das goldene Wappen abnehmen", kichert sie, „so!" Und sie hält den Kopf schief, reißt empört die Augen auf und kräuselt die Lippen voller Entrüstung.

Die Jungen halten sich die Seiten vor Lachen. Hummelchen sieht wirklich zu komisch aus. Wenn der Fremde auch so dreinschaut, kann das eine lustige Sache werden.

„Jetzt seid still!“ kommandiert Hummelchen. „Es geht los!“

Der Gastwirt ist klein und rund wie ein Faß. Er steht hinter der Theke und spült Biergläser. Zwei Männer sitzen in einer Ecke und unterhalten sich lebhaft. Ob einer von ihnen Herr Huber ist?

Hummelchen schielt zu dem Tisch hinüber, aber nach ihrer Meinung sieht keiner von ihnen so aus, als habe er Interesse für alte Wappen.

„Na, ihr drei, was soll's denn sein!“ fragt der Wirt und taucht die Gläser in das Wasserbecken auf der Theke, „eine Limonade?“

„Wir möchten zu Herrn Huber“, sagt Hummelchen, „der wohnt doch bei Ihnen, nicht wahr?“

„Ja, der wohnt hier“, der dicke Wirt nickt bedächtig, „aber er ist vor einer halben Stunde weggegangen.“

„Ist er abgereist?“ fragt Benno erschrocken.

„Abgereist nicht“; der Wirt stülpt die Gläser zum Ablaufen um und trocknet sich die Hände langsam und gründlich ab, dabei mustern seine hellen Augen belustigt die drei Kinder.

Hummelchen ist voller Ungeduld. Sie tritt von einem Bein auf das andere.

„Wo ist Herr Huber denn?“ fragt sie, „wir müssen ihn unbedingt sprechen.“

„Er ist mit seinem Wagen in die Stadt gefahren . . .“

„Hier in Thalburg?“

„Ja, er wollte einige Besorgungen machen. Wo er hingefahren ist, weiß ich nicht. Ihr müßt ihn schon suchen, wenn es so eilig ist.“

Die Kinder sehen sich an. Wie soll man einen fremden Mann in Thalburg finden, auch wenn Thalburg nur eine kleine Stadt ist.

Hummelchen denkt nach. Ein Auto ist bestimmt eher zu finden und kaum zu übersehen, als ein Mann, den man nicht kennt.

Und so fragt sie: „Wie sieht denn das Auto von Herrn Huber aus? Welche Nummer hat es?“

Der dicke Wirt zieht die Stirn in Falten.

„Ich glaube, es war ein grauer Wagen“, sagt er dann, „und die Nummer? 418 oder 413. So genau habe ich nicht hingesehen.“

„Dann werden wir ihn schon finden“, meint Hummelchen zuversichtlich, „danke schön, Herr Wirt!“ Und sie läuft Benno und Heiner voran aus der Gaststube.

Es ist wirklich nicht schwer, nach Autos Ausschau zu halten, die in den Straßen und Gäßchen Thalburgs stehen. Die Kinder laufen gemeinsam straßauf, straßab, und da sie nur auf graue Autos zu achten haben, geht das ganz schnell.

„Da!" ruft Benno schließlich, als sie in die Braugasse einbiegen. „Dort ist ein grauer Wagen!"

Er steht vor einem Schuhgeschäft und trägt die Nummer 413.

„Herr Huber ist im Laden und kauft sich ein Paar Schuhe", sagt Heiner.

„Ne, wahrhaftig? Ich dachte ein Paar warme Würstchen", spottet Hummelchen.

Die Kinder lachen sich erst einmal aus, ehe sie den Laden betreten. Es ist mollig warm darin. Unzählige Schuhkartons füllen die hohen Regale. Es riecht nach Leder. Auf einem der Stühle im Raum sitzt ein Mann. Eine Verkäuferin sitzt vor ihm und probiert ihm ein Paar braune Schuhe an.

„Setzt euch einen Augenblick", sagt sie zu den Kindern, „ich bediene euch, sobald ich fertig bin."

„Wir wollen keine Schuhe kaufen", sagt Hummelchen, „wir wollen nur mit dem Herrn sprechen."

„Mit mir?" fragt er überrascht. „Ich kenne euch ja gar nicht. Was habt ihr denn auf dem Herzen?"

Hummelchen schielt verstohlen zu der Verkäuferin.

„Ich kann jetzt nicht so reden", meint sie zögernd, „aber wenn ich Ihnen sage, es handelt sich um etwas Goldenes, dann werden Sie schon wissen, was ich meine."

„Etwas Goldenes?" Er denkt nach, aber dann geht ein Lächeln über sein Gesicht. „Aha, etwas Goldenes! Ja, ich weiß, was du meinst. So, dir gehört es also und du willst nicht, daß man darüber spricht. Vielleicht sollen es die Mutti und der Vati nicht erfahren, wie?"

Hummelchen nickt: „Nein, die sollen es erst später erfahren. Es soll eine Überraschung sein."

„Eine Überraschung? Meinst du, daß sie sich darüber freuen? Ich glaube eher, sie werden dir ein bißchen böse sein, daß du nicht besser aufgepaßt hast."

„Nicht aufgepaßt? Was meinen Sie, wie wir danach gesucht haben! Benno, Heiner und meine Freundinnen. Heute haben wir erfahren, daß Sie es haben. Wir waren im ‚Goldenen Stern', um es von Ihnen zurückzuholen, aber der Wirt sagte, Sie seien in die Stadt gefahren, und so haben wir Sie gesucht. Wir haben Ihren Wagen vor der Tür gesehen und uns gleich gedacht, daß Sie hier im Schuhgeschäft sein müßten."

„Ihr seid ja richtige kleine Detektive", meint er und lacht. Er läßt sich von der Verkäuferin den zweiten braunen Schuh überziehen, dann geht er auf dem roten Läufer hin und her und sagt: „Sie passen, mein Fräulein! Ich werde diese Schuhe nehmen."

„Sie haben es sicher im Gasthaus versteckt", flüstert Hummelchen bedeutungsvoll, „denn so etwas Wertvolles läßt man doch nicht herumliegen. Wir kommen gleich mit Ihnen und holen es uns."

„Aber nein!" erwidert er und setzt sich wieder auf den Stuhl, um seine alten Schuhe anzuziehen, „ich habe es gleich auf dem Fundbüro im Rathaus abgegeben. Warum sollte ich es aufheben? Ich kann doch nichts damit anfangen."

Die Kinder sehen sich verdutzt an.

Benno sagt schließlich: „Aber Herr Zimmermann aus der

‚Lucke' meinte, Sie wären ganz begeistert gewesen und hätten es durchaus haben wollen . . ."

„Ja, und dafür haben Sie ihm so ein kleines, buntes Ding gegeben!" ruft Heiner dazwischen, „das ist bestimmt nicht so wertvoll, wie das, was Sie dafür bekommen haben. Hummelchen hat das Herrn Zimmermann gleich gesagt."

„Wer ist denn Hummelchen?" fragt nun der Fremde verwundert. Ihm scheint, die ganze, anfangs so harmlose Angelegenheit beginnt sich zusehends zu verwirren.

„Hummelchen bin ich", sagt das Mädchen, „ich habe die ganze Suche angefangen, und die Kinder halfen mir alle dabei. Bei Herrn Zimmermann hatten wir es entdeckt, und er sagt, er hat es mit Ihnen getauscht."

„Ich kenne keinen Herrn Zimmermann", der Fremde wird fast ein wenig ungeduldig, „ich habe es auf der Straße gefunden und deshalb zum Fundbüro gebracht."

„Auf der Straße!" Hummelchen ist außer sich, „das ist ja toll! Was haben denn die Leute auf dem Fundbüro gesagt?"

„Sie haben sich bedankt, meinen Namen aufgeschrieben und warten nun, daß sich der Verlierer meldet. Nun bist du ja da und kannst es abholen. Denn es gehört doch dir, nicht wahr?"

„Nein, es gehört mir nicht. Es gehört der Stadt Thalburg, das müßten doch die Leute auf dem Fundbüro gleich gemerkt haben."

„Der Stadt Thalburg?", der Mann schüttelt lachend den Kopf, „na hör mal, was soll denn die Stadt mit einem Halskettchen anfangen?"

Benno, Heiner und Hummelchen reißen die Augen auf. Sie sehen alle drei recht dümmlich drein und begreifen allmählich, daß sie und der Fremde die ganze Zeit von verschiedenen Gegenständen geredet haben.

„Ein Halskettchen?" Hummelchen holt tief Atem und lacht, daß ihr die Tränen kollern, und Benno und Heiner lachen mit.

„Ja, was meint ihr denn sonst? Sucht ihr etwas anderes?"

„Das will ich wohl meinen!" ruft Hummelchen. „Aber das verraten wir nicht. Los, Benno, Heiner, die Suche geht weiter!" Und die Kinder sind so schnell aus dem Laden, daß die Tür erst hinter ihnen zufällt, als sie schon die Braugasse entlangrennen.

„Jetzt müssen wir nach einem grauen Auto mit der Nummer 418 suchen", meint Hummelchen, „die 413 war es jedenfalls nicht. Das war ja eine ulkige Sache! Da meint der Mann ein goldenes Halskettchen und wir das goldene Wappen von Thalburg! Na, so was! Was einem alles passieren kann!"

Sie laufen wieder straßauf, straßab und prallen an der Ecke Wilde-Manns-Gasse und Burggasse mit Puck zusammen.

„Ihr habt's ja eilig", sagt der Kleine und reibt sich den Kopf, der gegen Bennos Schulter gestoßen ist, „wo wollt ihr denn hin?"

„Ach, nur so", meint Hummelchen und zwinkert Benno und Heiner zu, „wir gehen ein bißchen durch die Stadt."

„Das nennt ihr gehen", der kleine Puck streicht das blonde Haar aus der Stirn, auf der ein breiter, roter Fleck sichtbar ist, „ihr saust ja durch die Gegend wie die Raketen. Immer sehe ich euch zusammen, auch die Mädchen sind oft dabei. Warum darf ich nicht mehr bei euren Spielen mitmachen?"

„Wir machen kein Spiel, Puck", sagt Hummelchen wichtig, „das ist eine ganz ernste Sache. Wir können es dir nicht sagen."

„Warum denn nicht? Ihr braucht doch vor mir keine Heimlichkeiten zu haben. Ich habe noch nie etwas verpetzt. Habe ich das, Hummelchen?"

Hummelchen schüttelt langsam den Kopf. Nein, verpetzt hat der kleine Puck noch nie etwas, das stimmt. Aber ob er hier dichthalten könnte, wo es um so eine wichtige Sache geht? Der kleine Freund schaut sie bittend an.

„Puck", sagt sie schließlich, „es dauert nicht mehr lange, dann kannst du wieder bei uns mitmachen, aber jetzt geht es wirklich nicht. Wir haben es eilig, glaub' mir das. Es ist ein Geheimnis, aber bald wird man es überall wissen, in ganz Thalburg und überall."

Sie winkt dem kleinen Puck zu und macht sich mit Benno und Heiner weiter auf die Suche nach dem grauen Auto mit der Nummer 418.

Puck blickt ihnen nach, wie sie die „Wilde-Manns-Gasse" hinunterjagen. Seine Augen werden schmal. Er ballt die Fäuste und murmelt: „Ich krieg's schon raus, verlaßt euch drauf! Ich werde schon hinter euer Geheimnis kommen!" Und dann stapft er durch den Schnee in die Burggasse hinein.

Als Puck außer Sehweite ist, bleibt Hummelchen stehen.

„Wißt ihr, was ich denke? Ein Mann wie Herr Huber raucht sicher Zigarren oder Zigaretten. Wir müssen auch in solche Geschäfte gucken."

Die Jungen finden die Idee gut, und so sehen sie in einige Zigarrengeschäfte hinein. Aber sie haben keinen Erfolg.

Da — auf dem Marktplatz, neben dem Brunnen, steht ein grauer Wagen.

„Na, endlich!" Benno beguckt sich triumphierend die Nummer 418, „jetzt sind wir richtig. Es fragt sich nur noch, wo Herr Huber ist."

In den Häusern rund um den Marktplatz gibt es einige Läden.

„Irgendwo in der Nähe muß er sein." Hummelchen sieht sich um. „Ich schlage vor, wir gucken zuerst in jeden Laden, und ist er nirgendwo drin, dann erwarten wir ihn hier am Auto. So können wir ihn nicht verfehlen."

Das tun sie. Sie gucken in das Gemüsegeschäft von Lobsamen, aber außer zwei Frauen und Herrn Lobsamen, der gerade einen Weißkohl abwiegt, ist niemand darin. Im Kurzwarenladen nebenan stehen ein kleiner Junge und eine Frau. Aber im Radiogeschäft von Lieder läßt sich ein Mann einen Musikschrank vorführen.

Hummelchen fragt kurzentschlossen: „Heißen Sie Huber?"

„Nein, wieso?" fragt er verwundert, „mein Name ist Meier."

Aber noch ehe sich Herr Lieder über die Störung empören kann, sind die drei kleinen Detektive wieder draußen auf dem Marktplatz.

Bei Friseur Kahlkopf wird gerade ein Mann rasiert.

„Sind Sie vielleicht Herr Huber?" wendet sich Hummelchen unbekümmert an das mit weißem Schaum bedeckte Gesicht.

Der Mann will sich überrascht umdrehen, aber der Friseur drückt ihn in den Stuhl zurück.

So murmelt er nur: „Der bin ich."

„Gott sei Dank", stöhnt Benno und setzt sich auf den nächsten Stuhl, „endlich haben wir Sie gefunden."

„Ich wußte gar nicht, daß ich hier in Thalburg Bekannte habe", sagt Herr Huber nun, denn der Friseur spült das Rasiermesser unter brausendem Wasserstrahl ab und gönnt seinem Kunden eine kleine Atempause.

„Wir kennen Sie auch nicht", erwidert Hummelchen, „aber wir müssen etwas mit Ihnen besprechen."

„Dann fangt mal an", sagt Herr Huber freundlich und läßt sich die andere Gesichtshälfte rasieren.

„Wir warten, bis Sie fertig sind", sagt Hummelchen und setzt sich neben Benno und Heiner, „wir sagen es Ihnen draußen vor der Tür."

„Ihr macht mich neugierig", murmelt er unter der schabenden Hand des Friseurs hervor.

„Wahrscheinlich haben die Schlingel Ihre Wagenfenster eingeworfen", vermutet Friseur Kahlkopf, „sie toben ja den ganzen Tag um den Brunnen herum, und gewöhnlich kommt nichts Gutes dabei heraus."

„Das sind die wilden Männer", verteidigt Benno sich und die Freunde gekränkt, „wir spielen meist auf der ‚Tüte'."

„Na, wie dem auch sei", meint der Friseur und rasiert weiter, „machen Sie sich auf alles gefaßt, mein Herr."

Herr Huber wird abgetrocknet und mit duftender Krem eingerieben, dann ist er fertig.

Hummelchen sagt zu ihm, als sie den Laden verlassen haben: „Sie haben heute bei Herrn Zimmermann in der ‚Lucke' ein Wappen eingetauscht, Herr Huber. Dürfen wir uns das ansehen?"

Herr Huber ist ganz überrascht.

„Nanu, seid ihr auch Wappensammler? Das freut mich. Es ist ein schönes und lehrreiches Hobby. Man kann viel daraus lernen. Ja, ich habe mit Herrn Zimmermann getauscht. Ein herrliches Wappen, kann ich euch sagen! Einfach großartig. Kommt nur mit, ich will es euch gern zeigen."

Die Kinder freuen sich, daß alles so glatt geht. Sie steigen zu ihm in den Wagen und sind bald im „Goldenen Stern" in der Apfelgasse.

Der Wirt händigt Herrn Huber den Zimmerschlüssel aus und

guckt den Kindern kopfschüttelnd nach, die mit seinem Gast die Treppe hinaufsteigen.

Hummelchen, Benno und Heiner sind voller Erwartung. Endlich werden sie das goldene Wappen von Thalburg zu sehen bekommen. Wird es aber Herr Huber auch hergeben, wenn er erfährt, daß es der Stadt gehört und er es daher nicht behalten darf? Benno und Heiner haben Bedenken. Sie verlassen sich aber auf Hummelchen, die noch immer alles erreicht hat, was sie wollte.

Herr Huber schließt den Schrank auf und hebt seinen Koffer heraus.

Die Kinder machen lange Hälse.

„Ihr werdet staunen", sagt Herr Huber, „es ist ein besonders schönes Stück. Aber auch das Wappen, das ich Herrn Zimmermann gab, ist schön und wertvoll. Er hat es euch sicher gezeigt?"

„Ja", nickt Hummelchen, „wir fanden es ganz nett. Aber trotzdem ist das viel schöner und wertvoller, das er ihnen gab."

„Ja, kennt ihr es denn?"

„Aber freilich!" ruft Hummelchen, „es ist doch das Wappen von Thalburg aus dem Jahre 1637."

Der Mann blickt recht erstaunt drein, öffnet den Koffer und legt ein tellergroßes Wappen auf den Tisch. Es ist in eine Silberplatte gehämmert und zeigt einen aufsteigenden Adler von Sonnenstrahlen umrahmt.

Die Kinder sind so enttäuscht, daß sie nichts sagen können. Hummelchen sieht Herrn Huber zweifelnd an und fragt schließlich:

„Ist dies das Wappen, daß Sie von Herrn Zimmermann bekommen haben?"

„Aber ja, Kind", versichert Herr Huber und blickt Hummelchen verständnislos an, „das ist es. Dafür gab ich ihm das Emaillewappen der Ritter von Holzhausen. Er zeigte mir wohl auch einige Wappen von Thalburg, aber ich wollte gerade dieses hier haben. Glaubt ihr mir nicht? Geht zu Herrn Zimmermann und fragt ihn!"

Die Kinder glauben es wohl. Aber wo ist das goldene Wappen

hingekommen, das Herr Zimmermann an der Wand hängen hatte?

Sie gehen noch einmal in die „Lucke" und beichten dem alten Mann ihr gestriges Abenteuer.

„Ein goldenes Wappen habe ich nie gehabt", lacht er, „kommt mit in meine Wohnung hinüber! Ihr habt den Perpendikel meiner Wanduhr gesehen, als ihr heimlich durch das Fenster gucktet. Aber von dem Wappen der Stadt Thalburg habe ich auch gehört. Nur weiß niemand, was daran Wahres ist. Wollt ihr es gar suchen?"

„Aber nein, das schaffen wir nie", meint Hummelchen ausweichend, „wir dachten nur, Sie hätten es gehabt und mit Herrn Huber getauscht."

„Das würde ich nie tun", versichert der alte Mann feierlich, „ich würde es der Stadt Thalburg zurückgeben. Das könnt ihr mir glauben."

Gewiß, das ist ihnen klar, und sie wissen nun auch, daß sie weiter nach dem geheimnisvollen Wappen suchen müssen.

Die alte Scheune im Obstgäßchen

Das Haus, in dem der Pauker mit seiner Mutter wohnt, steht in der Obstgasse. Es ist so klein und alt wie alle anderen Häuser rundum, aber es ist sauber verputzt und hat eine neue Haustür. Seine Fenster sind blitzblank.

Hinter einem der Fenster im Erdgeschoß sitzt der Pauker über seinen Mathematikaufgaben. Die Arbeit fällt ihm nicht schwer, denn er ist ein guter Schüler. So findet er zwischendurch immer etwas Zeit, von seinem Schulheft aufzusehen und einen Blick auf die Gasse zu werfen. Sie ist eine Nebengasse der Wilde-Manns-Gasse. Außer spielenden Kindern oder einem Auto, das sich verfahren hat und mühselig versucht, aus diesem Irrgarten der engen Altstadtstraßen herauszukommen, gibt es da für gewöhnlich nichts zu sehen.

Aber jetzt stutzt der Pauker, als er aufblickt. Die kennt er doch, die da das Gäßchen herabkommen? Richtig, das sind die Kinder von der ‚Tüte'! Und das Mädchen in dem blauen Wollanzug und der weißen Mütze, unter der die widerspenstigen, dunklen Locken hervorquellen, ist die kleine, freche Kröte. Die beiden Jungen kennt er auch. Sie waren ebenfalls bei der Schneeballschlacht im Johanniterhof dabei.

Die „freche Kröte" macht sich einen Spaß daraus, mit Schwung in die aufgeschaufelten Schneehaufen am Wegrand zu springen, und die Jungen machen es ihr nach. Was mögen die drei wohl hier in der Obstgasse wollen?

Benno stößt Hummelchen an und deutet auf ein Haus, das der Pauker gerade noch aus seinem Fensterchen sehen kann. Das Haus ist alt und etwas windschief. Die Kinder bleiben stehen.

„Ja, das könnte auch ein Geheimnis bergen", meint Hummelchen und zuckt die Schultern, „aber du liebe Zeit, wo sollen wir da hinkommen, wenn wir in jedem alten Haus suchen wollen? Wir können nur suchen, wo es ganz verdächtig ist. Conny hat von der alten Scheune in der Obstgasse erzählt. Die scheint mir auch verdächtig. Und da wollen wir hin."

„Ist ja schon gut!" knurrt Benno, aber seine Augen wandern umher, als wolle er jeden Stein und jede Mauerritze prüfen.

„Ist das nicht eine pfundige Sache?" Heiner stößt Hummelchen an und weist neben sich.

Da ist ein Durchgang zwischen den Häusern, gerade einen halben Meter breit. Die Dachrinnen stoßen fast zusammen und haben kaum eine Schneeflocke hindurchgelassen. Die Bewohner können sich über dem winzigen Gäßchen die Hände reichen.

„Wollen wir mal durch?" fragt Heiner.

„Meinetwegen!" meint Hummelchen, und sie marschieren hintereinander in den düsteren Gang hinein. Weiter hinten wird er ein wenig breiter und endet bei dem Eingang zu dem Eckhaus der Gasse, in die er mündet.

Der Pauker hat ihnen verwundert nachgesehen und tritt rasch hinter die Gardine zurück, als er die Kinder aus dem Durchgang wieder zurückkommen sieht. Sie gucken die Häuser entlang und scheinen etwas zu suchen. Dann bleiben sie vor der alten Scheune stehen. Sie wird schon lange nicht mehr benutzt und sollte schon längst abgerissen werden. Ihr Fachwerk ist morsch und die Lehmwände sind bröcklig. Aber da sie keinen stört, ließ sie der Bauer stehen, der zwei Gäßchen weiter seinen Hof hat. Der Pauker lugt gespannt durch das Blumenmuster der Gardine.

Benno hat die Hände in die Taschen seiner Hose gesteckt und streicht an der Mauer der Scheune entlang. Altes, baufälliges Fachwerk scheint ihn ungemein zu interessieren, denn er blickt daran hinauf und herunter, schaut sich nach allen Seiten um, winkt dann den beiden Freunden und kriecht mit ihnen durch die klapprige, schiefe Scheunentür.

Der Pauker pfeift überrascht durch die Zähne. Er überlegt kurz, klappt sein Heft zu, nimmt den Schlüssel und verläßt das Häuschen, das er sorgfältig verschließt.

In der Scheune ist es dunkel. Die wenigen Fensterscheiben sind zerbrochen und blind vor Schmutz. Das Fußbodenholz ist so morsch wie die Wände. Überall kommt das Erdreich durch. Zwei verrostete Landmaschinen stehen in der Ecke, und im Stroh, das überall verstreut liegt, knistert und wühlt es.

„Na, ich danke", sagt Hummelchen, „da hat uns Conny ja ein feines Versteck verraten. Puh, ist das eklig hier! Deshalb wollte sie auch nicht mit. Sie hatte plötzlich so viele Schularbeiten auf . . ."

„So viele sind's gar nicht", meint Benno, der in ihre Klasse geht, „aber die wollte sich einfach drücken. Na, macht nichts! Was meinst du, wie die sich ärgert, wenn wir hier das Wappen finden, und sie war nicht dabei."

„Glaubst du wirklich, daß es hier sein könnte?" fragt Heiner zweifelnd. Er sieht sich um und kann sich nicht denken, daß etwas so Kostbares wie das goldene Wappen von Thalburg, gerade hier in so einer abscheulichen Scheune sein soll, wo Mäuse und Spinnen ihr Unwesen treiben.

Hummelchen meint: „Möglich ist alles, Heiner. Gerade da, wo niemand hingehen mag, kann es sein. Aber wir dürfen vor nichts Angst haben, auch nicht vor der ekligen Scheune."

Heiner brummt etwas und steigt über morsches Holz und Unrat hinter den beiden Freunden her.

Da knackt es irgendwo. Die Kinder sehen sich erschrocken um.

Aber alles bleibt still. Der Pauker hat sich schnell in den Schatten gedrückt und wagt kaum zu atmen.

„Es war im Holz", sagt Hummelchen und geht weiter, „im Eichenhaus ist das auch oft so, daß es in dem alten Holz knackt. Mein Vati sagt, das Holz streckt und dehnt sich, denn es ist auch etwas Lebendiges."

„Na, das hier ist bestimmt nicht mehr lebendig", knurrt Heiner, „das ist so tot, daß es schon zerfällt. Aber mir soll's recht sein. Wenn es nur niemand war, der uns nachgeschlichen ist."

„Wer sollte uns denn nachgeschlichen sein?" erwidert Benno und lacht, „kein Mensch war in der Obstgasse zu sehen, und für die alte Scheune interessiert sich doch auch niemand mehr. Mich wundert überhaupt, daß sie noch nicht abgerissen worden ist."

Hummelchen meint nach einer Weile: „Ja, das müßte einen eigentlich wundern. Vielleicht hat das aber einen besonderen Grund, daß der Bauer sie nicht abreißt. Vielleicht weiß er, daß hier das Wappen verborgen ist. Wenn er sie abreißen läßt, werden die Arbeiter es finden, und das will er nicht. Also läßt er die Scheune stehen."

Benno sieht Hummelchen bewundernd an. Sie hat doch immer die richtigen Gedanken. So könnte es sein.

Die Kinder haben ihr Gespräch leise geführt, und die Scheune ist groß. Der Pauker, der sich noch im Schatten des Tores aufhält, versteht nicht viel von dem, was sie sagen. Es sind nur Wortfetzen, die er hört, und die enträtseln ihm das Geheimnis nicht.

„Hier ist eine Falltür", flüstert Benno, „vielleicht sind wir jetzt dem Wappen ganz nahe."

Er schiebt mit dem Fuß Stroh und Reisig beiseite. Ein Holzviereck kommt zum Vorschein. Heiner hat schon sein Taschenmesser gezogen und kratzt damit Erde und Dreck aus der Fuge.

Der Pauker, der am anderen Ende der Scheune steht, versucht vergeblich durch das Dunkel des Raumes zu blicken. Er sieht die Kinder am Boden hocken, er sieht den Strahl einer Taschenlampe, aber mehr erkennt er nicht.

„Mensch, wenn wir jetzt Glück haben!" ruft Benno gedämpft, „ich werde verrückt vor Freude! Alle werden uns beneiden um unsere Entdeckung! Alle Leute in Thalburg werden staunen. Unsere Lehrer, unsere Eltern, sogar die eingebildeten, aufgeblasenen Gymnasiasten! Die besonders! Denen gönne ich die Enttäuschung, daß sie mal etwas nicht gewußt und nicht gefunden haben ..."

„Der Pauker ist aber nicht so", wirft Hummelchen ein, „der war doch ganz anständig."

„Nun ja, er war in der Klemme, als er die Scheibe im Museum kaputtschmiß", sagt Heiner, „da konnte er gut anständig sein, weil ihm Walter half ..."

Dem Pauker wird es in seinem Versteck heiß. Was hat er da gehört? Das heißt, alles hat er nicht gehört, aber die Wörter Gymnasiasten, Pauker, Lehrer, Thalburg, alle werden staunen, etwas nicht gönnen!

Du liebe Zeit, was hat denn die Bande von der „Tüte" im Sinn? Wenn die kleine Kröte dabei ist, muß man sich sowieso auf allerlei gefaßt machen. Planen sie, unter Mithilfe aller Volksschüler einen Angriff auf die Gymnasiasten und vor allem auf ihn? Waren sie nicht nach der Schneeballschlacht wie Freunde aus dem Johanniterhof gegangen? Und hatte nicht der Walter kostenlos die zerbrochene Scheibe wieder eingesetzt?

Dem Pauker wird ganz wirbelig im Kopf. Er muß mehr von diesem Anschlag erfahren! Er muß seine Freunde warnen. Vorsichtig schleicht er näher. Benno und Heiner heben das Holzviereck hoch. Aber es ist nichts als Erde darunter. Wahrscheinlich hatte der Bauer einmal mit diesem Holz den schadhaften Boden ausgebessert.

„So ein Pech", knurrt Benno mißmutig, „ich dachte wahrhaftig, es wäre eine Falltür. Nichts als Erde, dreckige Erde!", und er läßt das Holz wieder fallen.

Heiner löscht die Lampe. Auch er und Hummelchen sind enttäuscht. Es ist einen Augenblick still zwischen ihnen. Daher hören sie die leisen Schritte des Paukers und sehen einen Schatten hinter dem rostigen Gitter der abgestellten Landmaschine.

„Da ist jemand", flüstert Heiner, „es hat uns jemand belauscht."

„Ich hab's auch gehört", sagt Hummelchen leise, „aber ich sehe niemand."

„Ob er uns erkannt hat?“ fragt Benno leise. „Dann ist es morgen in ganz Thalburg 'rum, daß wir hier waren.“

Der Pauker sieht das Zögern der Kinder. Er weiß nicht, daß sie ihn gehört haben, und schleicht näher. Aber im Dunkel der Scheune und des grauen Tages sieht er einen Besenstiel am Boden nicht und stolpert darüber.

„Verdammt“, knirscht er und bleibt erschrocken stehen.

„Nichts wie 'raus!“ raunt Benno.

„Du bist gut!“ meint Hummelchen, „dann müssen wir ja an ihm vorbei, wenn wir aus der Scheune wollen.“

„Ich finde schon einen Ausgang“, sagt Benno und rennt zu der Hinterwand, die brüchige und lose Steine hat. Er findet wahrhaftig ein Loch, groß genug zum Durchsteigen, und klettert voran. Hummelchen springt hinter ihm her. Heiner verliert sein Taschenmesser und hält erschrocken inne. Das muß er haben! Er sieht nach dem Mann zurück, der sie belauschte, und erkennt gerade noch einen Schatten, der eilig durch das schiefe Scheunentor huscht.

Heiner atmet tief. Die Gefahr ist vorüber. Er sucht sein Messer im Halbdunkel. Jetzt könnte er Bennos Taschenlampe gebrauchen, aber nach einigen Minuten findet er es doch und steckt es zufrieden ein.

Benno und Hummelchen glauben, daß Heiner hinter ihnen herläuft, und blicken sich nicht um. Mit Schrecken erkennen sie, daß die hintere Scheunenmauer, durch die sie geschlüpft sind, an einen Garten grenzt. Er ist nicht gerade groß, denn die Straßen und Gäßchen der Altstadt lassen nicht viel Platz für Gärten. Ein Haus steht darin, aus dem Stimmen und Radiomusik kommen. Benno und Hummelchen jagen über den kleinen Hof und durch die Gartentür auf die Gasse. — Geschafft!

„Wo sind wir denn?“ fragt Hummelchen atemlos im Weiterlaufen.

„Ich glaube in der Schreinergasse“, keucht Benno zurück, „hoffentlich hat uns niemand aus dem Haus gesehen. Mußte auch die Scheune gerade an ein Privatgrundstück grenzen? Wir haben doch immerzu Pech, Hummelchen.“

„Es ist ja nichts passiert“, tröstet Hummelchen leichthin und wagt zum erstenmal sich umzusehen, „wo ist denn Heiner? Ich sehe ihn nicht."

„Mach' dir keine Gedanken um den", sagt Benno und holt tief Luft, denn er ist ganz außer Atem, „der ist sicher in die andere Richtung gelaufen. Es ist auch besser, wenn man uns nicht alle zusammen sieht."

Das leuchtet Hummelchen ein, und so laufen sie weiter.

Heiner ist den Freunden durch das Loch in der Mauer nachgestiegen. Da er weiß, daß der Lauscher die Scheune zur Obstgasse hin verlassen hat, braucht er sich nicht mehr zu beeilen. Er sieht im Schnee die Fußspuren von Hummelchen und Benno, steigt hinein und tappt durch den Garten.

Wo ist er eigentlich? Er müßte — ja, er müßte in der Schreinergasse herauskommen. Nicht weit vor ihm steht ein Haus, aber er sieht keinen Zaun, der es gegen die Scheune abgrenzt. Wieso ist da kein Zaun? Heiner sieht sich erstaunt um.

Da kommt eine Frau aus dem Hintereingang des Hauses. „Was machst du denn da in meinem Garten?" zankt sie. „Müßt ihr euch denn immer herumtreiben? Wir hätten uns als Kinder nie in einen fremden Garten gewagt, auch nicht im Winter, wenn es nichts zu stehlen gibt. Sag, was du hier suchst!"

Heiner ist so erschrocken, daß er gerade das Verkehrteste tut: er reißt aus, stößt im Hof gegen ein Gestell, auf dem ein großer Tontopf steht, und wirft ihn herunter. Da im Hof der Schnee weggekehrt ist, fällt der Topf hart auf das Pflaster und zerbricht.

Heiner bleibt bestürzt stehen und sieht auf die Scherben.

„Mein schöner Gurkentopf!" ruft die Frau, „ich hatte ihn saubergemacht und zum Trocknen und Auslüften ins Freie gestellt. Jetzt hast du ihn mir zerbrochen! Was seid ihr für Herumtreiber! Den Topf wirst du mir bezahlen müssen. Er kostet acht Mark fünfzig. Hättest du dich nicht hier auf einem fremden Grundstück herumgetrieben, wäre dir das nicht passiert. Wie heißt du, und wo wohnst du?"

Heiner schluckt. Nein, daß ihm das noch passieren mußte!

Er sagt kleinlaut: „Heiner Dittmann. Ich wohne Auf der Tüte 8."

„Auf der Tüte? Und da drückst du dich hier herum? Was hast du hier zu suchen?"

„Ich bin nur ein bißchen spazieren gegangen." Heiner sagt „ich", denn die Freunde will er nicht angeben. „Dabei muß ich mich wohl verlaufen haben."

„Verlaufen? Du machst dich wohl lustig über mich? In der alten Scheune bist du gewesen. Ich sehe doch ein Loch in der Mauer. Wolltest du Mäuse fangen?"

Da muß Heiner lächeln. „Nein, Mäuse mag ich nicht", versichert er, „ich wollte mich nur so ein bißchen umsehen."

„Mir kann's gleich sein", meint sie, „ich werde zu deinen Eltern gehen, damit sie mir den Topf ersetzen. Jetzt mach', daß du nach Hause kommst!"

Heiner trottet traurig die Gasse hinunter. Aber er geht nicht in der gleichen Richtung wie Hummelchen und Benno, und so kommt er in der Obstgasse heraus.

Der Pauker sieht von seinem Fenster aus, wie Heiner mit gesenktem Kopf durch den Schnee tappt und merkt sofort, daß da irgend etwas geschehen sein muß. Wo sind die anderen beiden? Haben sie sich gestritten? Er läuft vor das Haus und erwischt Heiner, der gerade vorbeigeht.

„Hallo, wir kennen uns doch?" ruft der Pauker freundlich, „du bist doch von der ‚Tüte', nicht wahr? Du warst bei der Schneeballschlacht im Johanniterhof dabei. Stimmt's?"

„Es stimmt", brummt Heiner, „hast du wieder eine Fensterscheibe zerschmissen?"

„Wo denkst du hin!" Der Pauker lacht. „So was mache ich bloß an besonderen Tagen. Aber was ist mit dir los? Hast du etwas ausgefressen?"

„Wieso?" fragt Heiner und sieht mit unsicheren Augen zu dem Pauker auf.

„Nun ja, du hast doch irgend etwas, das merkt man dir an. Kann ich dir helfen?"

„Warum willst du mir helfen?" fragt Heiner mißtrauisch.

„Ihr wart doch auch nett zu mir, als ich die Scheibe im Museum kaputtmachte. Warum soll ich nicht auch mal nett zu einem von euch sein? Also, was ist los?"

Heiner überlegt. Soll er dem Pauker von dem zerbrochenen Topf erzählen. Dann müßte er auch sagen, wie er auf das fremde

Grundstück kam. Dann müßte er von der Scheune sprechen. Nein, das geht auf keinen Fall. Der Pauker ist ein armer Schlucker, der wird auch keine acht Mark fünfzig für einen Gurkentopf haben.

„Du kannst mir nicht helfen", wehrt Heiner deshalb nach einer Weile Stillschweigens ab, „das muß ich ganz allein durchstehen."

„Es gibt für alles eine Hilfe", meint der Pauker freundlich, „brauchst du Geld?"

Heiner druckst.

„Also Geld brauchst du", stellt der Pauker sachlich fest, „wieviel ist es?"

„Acht Mark fünfzig", gibt Heiner zu.

Der Pauker überschlägt im Geist sein Taschengeld.

„Das kann ich dir geben", meint er, „ich habe noch zehn Mark, denn ich habe gut gewirtschaftet, verstehst du?"

Heiner sieht fragend zu ihm auf. Das wäre die Lösung des einen Problems. Er könnte dem Pauker das Geld nach und nach von seinem Taschengeld zurückzahlen. Heiner fühlt sich schon etwas erleichtert, da sagt der Pauker plötzlich:

„Natürlich müßtest du mir für dieses Darlehen auch einen Gefallen tun."

„Ach so", Heiner nickt verstehend, „und das wäre?"

„Ich habe herausbekommen, daß ihr von der ‚Tüte' etwas plant. Du müßtest mir etwas davon erzählen."

„Wir planen doch nichts", redet sich Heiner heraus, „wie kommst du darauf? Wer hat dir so was erzählt?"

„Ich beobachte das schon lange", gibt der Pauker zu, „und einiges habe ich selbst gehört. Heute ..."

Heiners Kopf fliegt hoch.

„Ach, du warst in der Scheune drüben? Du bist uns nachgeschlichen?", und Heiner muß trotz seiner Sorgen lachen. „Nein, von mir kriegst du nichts heraus. Gib dir keine Mühe."

„Also habt ihr doch etwas vor?" fragt der Pauker zwinkernd

„Das habe ich nicht gesagt."

„Doch, du hast es zugegeben. Wenn du mir nichts sagst, bekommst du das Geld nicht."

„Dann behalte es!" Heiner will weitergehen, aber der Pauker tritt ihm in den Weg.

„Sei doch nicht so störrisch, Kleiner. Ich sage ja keinem weiter, was du mir anvertraust. Ich kann schweigen wie ein Grab."

„Ich auch, ich verrate nichts und niemanden. Nicht um alles in der Welt!" Der kleine Heiner blitzt den langen Pauker aus seinen blauen Augen an. „Laß mich jetzt gehen, ich muß heim."

Der Pauker sagt: „Ich krieg's doch heraus, verlaß dich drauf! Es geht gegen die Gymnasiasten. Das weiß ich schon. Soviel habe ich verstanden."

Heiner stutzt einen Augenblick. Dann entsinnt er sich der Worte Bennos in der Scheune und lacht. Der Pauker ist ja auf einem ganz falschen Weg. Soll er es auch bleiben!

„Also gut", sagt Heiner, „wir wollen das Gymnasium in die Luft sprengen. Aber wann, das verrate ich nicht!" Und er saust lachend davon.

Das glaubt der Pauker nun doch nicht. Während er ins Haus zurückgeht, nimmt er sich vor, diese Verschwörung unbedingt herauszubekommen.

Heiner ist das Lachen bald wieder vergangen. Nach wenigen Schritten fallen ihm seine Sorgen wieder ein. Was soll er bloß tun? Spricht die Frau mit seinen Eltern, dann muß er auch bekennen, was er und die Freunde in der Scheune suchten. Dann kommt die Sache mit dem goldenen Wappen heraus. Er fühlt sich auf einmal ganz einsam und verlassen.

Da sieht er Benno und Hummelchen am Marktbrunnen. Sie machen sich ein Vergnügen daraus, die dünne Eisdecke des Wassers mit den Fäusten aufzuschlagen.

„Wo bist du denn geblieben?" fragt Hummelchen, als er zu ihnen gelaufen kommt, „wir dachten, du kämst hinter uns her."

Heiner erzählt den Freunden von seinem Mißgeschick, nur von dem Pauker sagt er nichts.

Hummelchen sagt erleichtert: „Mach dir doch keine Gedanken, Heiner. Es ist doch klar, daß wir dir helfen. Wir legen alle unser Taschengeld zusammen und kaufen der Frau einen neuen Topf. Gleich heute noch bekommt sie ihn."

Heiner atmet etwas auf, aber dann sagt er kläglich: „Und wenn die Frau trotzdem noch zu meinen Eltern geht, Hummelchen? Ich mag nicht, daß meine Mutti sich über mich ärgern muß. Und mein

Vati darf gar nicht wissen, daß ich soviel unterwegs bin. Ich kann ihm doch nicht erklären, daß wir das Wappen suchen. Er hat gesagt, ich soll mich auf den Hosenboden setzen und lernen, damit die Osterzensuren besser werden."

Hummelchen weiß auch dafür einen Rat. „Jetzt gehen wir alle drei wieder zur Schreinergasse zurück", sagt sie, „ich werde die Frau bitten, daß sie nicht zu deinen Eltern geht."

„Wenn sie es aber doch tut?" fragt Heiner zweifelnd.

„Wenn Hummelchen mit ihr spricht, tut sie das nicht", meint Benno zuversichtlich.

Die Frau in der Schreinergasse ist recht erstaunt, als plötzlich drei fremde Kinder vor ihrer Tür stehen. Doch halt, den einen Jungen kennt sie. Er hat ihr vor einer halben Stunde den schönen Gurkentopf zerschlagen.

Hummelchen stellt sich vor die Freunde. Sie lächelt, wie immer wenn sie etwas erreichen will, und ihre braunen Augen blitzen.

„Guten Tag, Frau Haase", den Namen hat sie am Türschild gelesen, „wir möchten uns bei Ihnen entschuldigen. Wir sind vorhin durch Ihren Garten gelaufen . . ."

„Ihr? Das war doch nur der eine hier", sagt die Frau erstaunt.

„Nein, Benno und ich waren auch dabei. Wir sind nur voran gelaufen und Heiner kam hinterher. Dabei hat er aus Versehen den Topf zerschlagen. Wir hatten ein bißchen in der Scheune gestöbert und sind dann durch das Loch in der Hinterwand gestiegen und haben nicht gewußt, daß wir in Ihren Garten kommen. Sonst wären wir wieder zur Obstgasse hinausgegangen. Bitte, seien Sie nicht böse. Wir machen es nicht wieder. Wir kaufen Ihnen gleich heute noch einen neuen Topf, ganz bestimmt!"

Die Frau nickt: „Also gut. Ich sehe, daß ihr nicht absichtlich in mein Grundstück eingedrungen seid. Ich will euch nicht böse sein, weil ihr euch entschuldigt habt. Und ich werde auch nicht zu Heiners Eltern gehen, den Topf ersetzt ihr mir. Aber das müßt ihr tun, eine kleine Strafe muß sein. Es genügt, wenn ihr ihn mir morgen bringt."

Hummelchen verspricht es, und Heiner fällt ein Stein vom Herzen. Erleichtert machen sich die Kinder auf den Heimweg. Sie suchen alle Freunde auf und legen ihr Taschengeld zusammen.

Der Pauker staunt nicht schlecht, als er am nächsten Tag Benno und Heiner sieht, die einen großen Tontopf durch die Obstgasse tragen. Und hinter ihnen her läuft die „kleine Kröte" mit strahlendem Gesicht. Sie biegen hinter der alten Scheune in die Schreinergasse ein.

Der Pauker macht ein dummes Gesicht. Was mag denn das nun wieder zu bedeuten haben? Welche Rolle spielt der Topf in der ganzen geheimnisvollen Geschichte? Er setzt sich kopfschüttelnd an seinen Tisch am Fenster und begreift überhaupt nichts mehr.

Auch der alte Wehrgang birgt einen Schatz

Hummelchen gibt sich heute Mühe mit den Hausaufgaben. Sie weiß, daß sie Fräulein Fröhlich nicht verärgern darf, sonst schickt sie den Eltern noch vor Ostern einen blauen Brief ins Haus, und den möchte Hummelchen auf keinen Fall haben. Die „4" in der letzten Rechenarbeit hat Oma Sanftmut und den Eltern gar nicht gefallen. Hummelchen ja auch nicht, aber wie soll man ans Rechnen denken können, wenn man ein goldenes Wappen zu suchen hat? Hummelchen ist noch mittendrin in den Hausaufgaben, als Mücke zur Tür hereinguckt.

„Bist du fertig, Hummi?" fragt er, „spielst du mit mir?"

„Ich habe wirklich keine Zeit für dich", sagt sie so energisch, daß der Kleine über ihren Ton erschrickt, „ich habe viel zu tun, und dann muß ich noch einmal fort."

„Ich will mit", sagt Mücke, „ich will auch Schlitten fahren!"

„Heute nicht. Ich habe keine Zeit. Geh jetzt, Mücke. Geh zu Oma, die hat immer Zeit für dich."

Da drückt der Junge die Tür zu und trottet enttäuscht davon.

Oma Sanftmut unterzieht Hummelchens Schularbeit einer kritischen Prüfung, aber es ist wirklich nichts daran auszusetzen. Sie ist gut geschrieben und auch richtig.

„Siehst du, du kannst schon, wenn du willst", meint die Oma lächelnd, „ich möchte nur wissen, warum du in letzter Zeit so faselig geworden bist. Immer bist du mit Benno und Heiner unterwegs ..."

„Gaby, Zöpfchen und Conny sind aber auch dabei", wirft Hummelchen ein.

Die Oma brummt ein bißchen. Hummelchen küßt sie schnell auf beide Wangen und sagt:

„Wir spielen nur noch ein wenig im Schnee, denn lange liegt er doch nicht mehr", und schon ist sie draußen.

Mücke drückt sein Näschen an der Scheibe im Kinderzimmer platt und sieht ihr traurig nach. Nie mehr hat die Schwester Zeit für ihn, und dabei hat er sie so lieb. Ob sie ihren kleinen Mücke nicht mehr lieb hat? Und in seinem Herzen regt sich die erste Eifersucht auf Benno, Heiner und alle ihre Freundinnen.

Hummelchen weiß davon nichts. Sie hat einen Hammer unter ihrer Wolljacke versteckt, denn zur Schatzsuche kann man jedes Werkzeug gebrauchen. Sie läuft die „Tüte" hinunter, trifft mit Zöpfchen und Conny zusammen und geht mit ihnen gemeinsam dem Marienturm zu.

Der Tag ist trübe und grau, aber es ist nicht mehr so kalt wie die Wochen vorher. Die Sonne am Vortage hat mit wärmenden Strahlen den Schnee harschig werden lassen, aber ihn nicht zum Schmelzen gebracht. Noch immer liegt eine dicke, weiße Decke über Thalburg und seiner Umgebung. Fröhliche Kinderstimmen, Jubel und Rufe schallen vom Abhang des Burgberges herüber, denn dort ist der Rodelbetrieb nach wie vor im vollen Gange.

Hummelchen und ihre Freunde sind nicht mehr zum Rodeln auf dem Berg gewesen. Die Suche nach dem goldenen Wappen hält sie ganz in ihrem Bann.

Als sie im Marienturm ankommen, sind Benno und Heiner schon da. Sie haben Schaufel und Hacke mitgebracht und fühlen sich so recht als Schatzsucher.

„Wo fangen wir an?" fragt Benno voll Ungeduld.

„Wenn irgend etwas vergraben liegt, ist es sicher in Ecken und Winkeln", meint Conny, „aber der Marienturm ist rund. Wo soll hier etwas liegen?"

Das sehen die anderen ein.

„Aber der Turm hat dicke Mauern", gibt Heiner zu bedenken,

„vielleicht ist irgendwo ein Stein lose, und wir können weitergraben."

Hummelchen klopft mit ihrem Hammer rundum gegen die Wände, aber die Steine, die vor Jahrhunderten fest zusammengefügt worden sind, sind auch heute noch so fest, daß sie keinen Millimeter nachgeben.

„Unter dem Turm sind sicher Kammern und Höhlen", vermutet Zöpfchen.

„Ja, das könnte sein. Aber wie kommen wir dahin? Es ist nirgends ein Zugang vom Turm aus."

Sie beraten hin und her. Ein leises Knacken, ein Knirschen von gefrorenem Schnee und ein Rieseln, wie wenn es von den Sträuchern am Turm stiebt, läßt die kleinen Detektive verstummen.

„Was war das?" fragt Zöpfchen leise, „ob uns jemand belauscht hat?"

Heiner wird es heiß. Sollte gar der Pauker hinter ihren heimlichen Treffpunkt gekommen sein? Er hat ihm aber doch nichts verraten.

Hummelchen ist schon an eines der Rundbogenfenster gelaufen. Niemand ist zu sehen. Es scheint ihr zwar, als sei eine kleine Gestalt hinter der mächtigen Ulme an der Wehrmauer verschwunden, aber ganz sicher ist sie sich ihrer Beobachtung nicht. Sie erkennt auch nicht, daß sich zu ihren und der Freunde Fußspuren, die zum Turm führen, eine andere kleine Spur gesellt hat. Sie führt zur Ulme an der Mauer zurück und der kleine Junge, der diese Spur hinterlassen hat, lugt vorsichtig um den Stamm des dicken Baumes herum.

„Es war nichts", meint Hummelchen, „wer sollte auch schon wissen, daß wir uns hier treffen? Es wird doch keiner von euch etwas verraten haben?"

„Ich bestimmt nicht!" sagt Benno mit Bestimmtheit, und die anderen beteuern ihre Verschwiegenheit ebenfalls, auch Heiner, denn der Pauker hat nichts von ihm erfahren, so sehr er auch alle Künste anwandte, ihn zum Reden zu bringen.

Hummelchen ist mit ihren Mitarbeitern zufrieden. Sie sagt nach einer Weile: „Ich hab's! Wir gehen jetzt den ganzen Wehrgang entlang. Er hat ja noch mehr Türme. Er hat Winkel und

Ecken, und wo uns etwas verdächtig vorkommt, graben wir nach."

„In Ordnung!" sagt Benno, schultert seinen Spaten und trabt voran.

„Aber leise", verlangt Hummelchen, „niemand darf uns sehen und hören, denn ihr wißt ja, daß der Wehrgang um einen großen Teil der Altstadt führt. Dort kann man uns von den Häusern aus sehen, wenn wir nicht vorsichtig sind."

Sie nicken. Die Freude an dem ganzen Abenteuer und die Erwartung einer großen Entdeckung strahlen aus ihren Augen.

Die oft mannshohen Mauern, zwischen denen sie laufen, verbergen sie. Der kleine Puck ist hinter der dicken Ulme hervorgekommen. Er hat nicht mehr verstehen können, was die Freunde im Turm beschlossen, und ist daher erstaunt, als er ihre Stimmen nicht mehr hört und auch hier und da keine der bunten Wollmützen hinter den Bogenfenstern auftauchen sieht. Den Turm haben sie aber auch nicht verlassen. Also müssen sie auf der Mauer entlanggegangen sein. Ein Stück läuft Puck noch an der Mauer neben dem verschneiten Gestrüpp dahin, dann bleibt er stehen. Er sieht ein, daß er auch heute nicht hinter ihr Geheimnis kommt, und kehrt mißmutig um. Aber er ist fest entschlossen, es herauszubekommen.

Die hohen Wehrmauern werden niedriger.

„Duckt euch“, befiehlt Hummelchen leise, „sonst sieht man unsere Köpfe. Es soll uns kein Mensch hier oben sehen.“

Im Wehrturm machen die Kinder halt.

„Hier könnten wir graben“, sagt Benno, „der Wehrturm ist winklig. Warum soll der alte Lachmund das Wappen nicht hier versteckt haben?“

„Hier oben ist es bestimmt nicht“, gibt Zöpfchen zu bedenken, „hier sind schon zu viele Leute gegangen. Wir gehen die Treppe hinunter. Darunter ist ein Gewölbe. Das weiß ich.“

„Ich auch“, sagt Benno, „aber in den Gewölben haben die Leute, die hier an der Mauer wohnen, ihre Keller eingerichtet. Wie willst du da reinkommen?“

Hummelchen steigt schon die ausgetretene, schmale Steintreppe hinunter. Es riecht nach Erde und Kellerluft. Der Rundbogen am Ende der Treppe ist mit zwei Querbalken vernagelt. Er besagt, daß dahinter Privatbesitz liegt.

Die Kinder bleiben eine Weile davor stehen und überlegen, wie sie einen Blick in das Gewölbe unter dem Wehrturm werfen können.

„Der Eingang ist vom Garten aus“, flüstert Zöpfchen, „wie sollen wir aber dahinkommen?“

„Wir kriechen unter dem Balken her“, meint Heiner und steckt schon den Kopf hindurch.

Da öffnet sich oben eines der winzigen Fenster in der Mauer. Es ist nicht einmal so groß, daß die Frau den Kopf hinausstekken kann. Ihre Stimme klingt nicht gerade freundlich, als sie ruft:

„Was macht ihr denn da unten? Hier habt ihr nichts zu suchen. Schert euch fort, oder ich sage es eurem Lehrer!“

Heiner zieht erschrocken seinen Kopf zurück. Hummelchen ruft nach oben: „Wir wollten nichts Böses. Wir haben uns nur mal alles angesehen.“

Die Frau murrt etwas Unverständliches, bleibt aber am Fenster stehen und wartet, bis die Kinder die steinerne Treppe nach oben gestiegen sind.

„Pech“, meint Benno, „wieder nichts! Ich möchte bloß wissen, wie wir das Wappen finden sollen, wenn wir an nichts heran dürfen, was verdächtig aussieht."

„Das Wappen ist auch sicher nicht in dem Gewölbe", sagt Conny, „meinst du, die Frau hätte das nicht schon gefunden, wenn sie dort ihre Kohlen und ihr Holz hineintut?"

„Wir machen weiter", bestimmt Hummelchen, „wir müssen das Wappen ganz einfach finden! Mein Vati braucht es. Und ich weiß ganz sicher, daß wir es finden. Wir dürfen eben nur nicht den Mut verlieren."

„Hummelchen hat recht", nickt Zöpfchen, „mein Vati sagt auch immer, wenn man sich etwas vorgenommen hat, muß man es durchführen und darf nicht den Mut verlieren. Dann schafft man es auch."

„Dann schlage ich aber vor, wir gucken nochmal auf den alten Stadtplan, den du auf dem Dachboden gefunden hast, Hummelchen", sagt Benno, „es hat keinen Zweck, immer da zu suchen, wo das Wappen doch nicht ist."

Das leuchtet allen ein. Hummelchen holt den schon recht zerknitterten Plan aus der Tasche ihrer langen Wollhose und breitet ihn an der Mauer des Wehrturmes aus.

Benno fährt mit dem Finger auf der dunklen Linie entlang, die um ein Gewirr von Punkten, Kästchen und Strichen führt.

„Das ist die Wehrmauer", sagt er, „hier ist der Marienturm und hier der Wehrturm, wo wir jetzt sind. Hier geht die Mauer weiter über den Bauernturm und endet am Torbogen am Stadteingang."

Hummelchen nickt. Durch diesen Torbogen ist sie damals mit dem Möbelwagen gefahren, als sie zum erstenmal nach Thalburg kam und ihren Einzug in das wunderschöne Städtchen hielt. In all den Jahren, die sie nun in Thalburg wohnt, ist sie schon oft durch dieses Tor gegangen, an dem noch immer hüben und drüben die mächtigen, dicken, eisenbeschlagenen Holztore hängen.

„Hier ist ein dicker Strich in der Mauer", sagt Benno, „ob der etwas zu bedeuten hat? Er ist zwischen dem Wehrturm und dem Bauernturm."

Die Kinder starren auf den Plan.

„Er ist fast in der Mitte", stellt Conny fest, „wir müßten den Gang ausmessen."

„Wir haben ja kein Metermaß bei uns", wirft Zöpfchen ein.

„Das macht man ganz einfach", Benno klappt den Plan zusammen und reicht ihn Hummelchen zurück, „paßt auf!" Und dann marschiert er los. „Eins, zwei, drei, vier . . .", immer mit gleichmäßigen Schritten.

Die Kinder laufen gespannt hinter ihm her. Nach achtzig Schritten ist er am Bauernturm.

„So", Benno sieht die Freunde verschmitzt an, „achtzig durch zwei?"

„Vierzig!" rufen sie fast gleichzeitig.

„Pscht!" zischt Hummelchen, „ihr wollt wohl ganz Thalburg hierherlocken?"

Benno geht wieder zurück und zählt vierzig Schritte aus. Sie stehen mitten auf der Wehrmauer, die gerade da einen kleinen Vorsprung bildet, und bleiben ratlos stehen. Ihre Köpfe können eben über die Steinbrüstung sehen. Hinter ihnen ist die Mauer über zwei Meter hoch und mit kleinen Schießscharten versehen.

„Na und nun?" fragt Conny erwartungsvoll.

„Hier müssen wir mal graben", meint Benno und stößt den Spaten in den Schnee.

„Verrückt!" sagt Heiner, und tippt sich an die Stirn. „Die Erde ist doch gefroren. Du kommst keinen Zentimeter tief."

Aber er hilft mit seiner Hacke nach, und so geht es ganz gut. Doch die beiden Schatzgräber müssen nach einiger Zeit einsehen, daß hier, mitten auf dem Wehrgang, ganz unmöglich ein großes und kostbares Wappen vergraben sein kann.

„Wir machen das Loch wieder zu", ordnet Hummelchen an, „damit niemand merkt, was wir hier gemacht haben. Der Strich auf dem Plan hat ganz bestimmt nichts zu bedeuten. Vielleicht war dem alten Lachmund der Stift ausgerutscht und die Linie ist etwas dicker geworden als die anderen. Das ist mir auch schon passiert."

Benno und Heiner schieben die Erde wieder in das Loch zurück. Doch plötzlich hält Heiner inne.

„Warte, ich hab' was gesehen!" Er bückt sich schnell und hebt es auf. „Es sieht aus, wie ein Stück buntes Glas."

„Das ist kein Glas", Hummelchen nimmt es ihm ab und kratzt die Erde davon ab, „das ist eine Brosche. Oma Sanftmut hat auch eine. Die trugen die Frauen früher an ihren Kleidern. Ich hab' das auf den alten Bildern im Eichenhaus gesehen. Meine Mutti hat so was Ähnliches. Das ist eine Anstecknadel, aber die sieht viel moderner aus. — Wer die Brosche wohl verloren hat?"

Conny meint: „Wenn deine Oma so eine Brosche hat, dann muß auch die hier schon ziemlich alt sein. Vielleicht hat sie eine alte Frau verloren? Ich glaube auch, daß die Brosche nicht billig war. Sieh mal, sie ist gestempelt. Es ist echtes Gold, und die Steine darin sind sicher auch echt."

„Wir geben sie im Rathaus ab", entscheidet Hummelchen, „wer weiß, wie sehr die alte Frau schon nach der Brosche gesucht hat."

Benno schüttelt ärgerlich den Kopf: „Alles finden wir, bloß kein Wappen! Es ist, um an der Wand hochzugehen."

„Tu das!" sagt Hummelchen lachend. „Wände sind ja genug hier. Wir machen für heute Schluß. Wenn du fertig bist mit deiner Kletterei, kannst du nachkommen."

Sie lachen über Bennos dummes Gesicht, aber dann machen sie sich doch leise davon. Spaten, Hammer und Hacke verstecken sie im Bauernturm. Die Geräte wollen sie abholen, wenn es dunkel ist.

Die Brosche geben die Kinder im Rathaus ab. Sie haben sie unterwegs mit Taschentuch und Wollhandschuh blankgerieben, und Hummelchen hat mit einer Haarklemme, die ein paar ihrer widerspenstigen Locken zurückhält, die letzten Erdreste zwischen den Steinen herausgebohrt.

Der Bürgermeister fragt erstaunt: „Wo habt ihr die gefunden?"

„Auf der Wehrmauer", sagt Hummelchen so harmlos wie möglich, „wir sind ein bißchen darauf spazierengegangen. Und da lag sie an der Seite zwischen Erde und Schnee."

*

Der Bürgermeister gibt den Fund in der Zeitung bekannt, und bald meldet sich wirklich die Verliererin. Es ist die Frau des Brauereibesitzers Weiners. Sie hat sogar noch einen Ring mit denselben Steinen und denselben Ornamenten, wie sie die Brosche aufweist, und kann sich somit als rechtmäßige Besitzerin des wertvollen Schmuckstückes ausweisen.

„Und wissen Sie, wann ich die Brosche verloren habe, Herr Bürgermeister?" fragt sie und lacht, „das war vor mehr als zwanzig Jahren! Brosche und Ring sind alte Erbstücke. Ich bekam sie als Verlobungsgeschenk. Mein Mann und ich sind als Brautleute oft auf der Wehrmauer spazierengegangen. Dabei muß ich die Brosche wohl verloren haben. Ich konnte sie, trotz eifrigen Suchens, nie mehr finden, da ich auch nicht die geringste Ahnung hatte, wo ich sie verloren haben könnte. Um so mehr freue ich mich aber, daß ich sie nun doch wiederbekommen habe. Wir werden uns noch persönlich bei den Kindern bedanken."

Welch ein merkwürdiger Zufall! Die Brosche, die unzählige Menschen auf dem Wehrgang in den vielen Jahren immer tiefer in die Erde traten, und die Jahr um Jahr der Schnee zudeckte, wurde von den Kindern gefunden. Das Wappen aber bleibt ihnen noch immer verborgen.

Nicht verborgen aber bleibt dem Pauker am Abend die kleine Gruppe, die an ihm vorüberzieht, ohne ihn zu bemerken. Benno mit dem Spaten, Heiner mit der Hacke und Hummelchen mit einem Hammer.

„Ich freß' einen alten Besen samt der Putzfrau", murmelte der Pauker und kratzt sich hinter den Ohren, „die haben doch eine tolle Sache vor. Die kleine Kröte ist voller Ideen, und das Ulkige ist, sie hat nicht mal die schlechtesten. Die ganze Gesellschaft steckt unter einer Decke. Rückt der Heiner nicht mit der Sprache heraus, müßte man's mal mit dem Mädel versuchen. Aber ich fürchte, die ist erst recht eine harte Nuß." Und er schiebt die Mütze auf die andere Seite und geht gedankenvoll in die Obstgasse zurück.

Ein Mißverständnis, ein Bündnis und ein seltsamer Wunsch

Das Rathaus von Thalburg steht in der Kirchgasse, die vom Marktplatz abzweigt. Die Kirchgasse ist breit und kurz und sieht eher aus wie ein Ausläufer des Marktplatzes. Mag überall in Thalburg Schnee liegen, in der Kirchgasse liegt keiner, denn dort sorgt der Gemeindediener Hinkel dafür, daß die Besucher mit sauberen Schuhen das amtlichste Gebäude Thalburgs betreten. Der alte Hinkel, der sich verantwortlicher als der Bürgermeister selbst fühlt, ist daher recht ungehalten, daß es schon wieder zu schneien beginnt, als er die Rathaustür hinter sich zumacht und auf die Straße tritt. Er wird also wieder kehren müssen, wenn er von seinem amtlichen Gang zurückkommt.

Er klemmt seine Mappe fester unter den Arm und macht sich auf den Weg zur „Tüte". In der Mappe sind fünf grüne Briefe, die den Absender des Bürgermeisters tragen. Der alte Gemeindediener hat schon oft Briefe ausgetragen. Ihr Inhalt enthält meist eine Vorladung junger Übeltäter, die sich vor dem Bürgermeister, der zugleich die Polizeigewalt in Thalburg ausübt, zu verantworten haben. Diesmal scheint etwas besonders Schweres vorzuliegen, denn die ganze Bande wohnt auf der „Tüte".

Zuerst läutet er an der Tür des Hauses, in dem Benno wohnt. Bennos Mutter ruft erschrocken „ach, du liebe Zeit!", als sie den Brief in Empfang nimmt. Im Nebenhaus wohnt Conny. Ihre Mutter sagt vor Schreck gar nichts.

Zöpfchens und Heiners Mutter sind nicht weniger besorgt. Was mögen die Kinder nur angestellt haben?

Im verschneiten Hof des Eichenhauses ist Mücke damit beschäftigt, den Schneemann zu bombardieren, den der Vater aufgebaut hat. Da tritt der alte Gemeindediener Hinkel durch das schmiedeeiserne Tor. Der niederrieselnde Schnee hat ihm einen weißen Umhang umgelegt, und seine Mütze hat sich in eine weiße Kappe verwandelt. Mücke ist begeistert.

„Noch ein Schneemann!" ruft er, und nun richten sich seine Schneebälle gegen den ahnungslosen Hinkel.

„Du Racker", knurrt der Gemeindediener und wischt sich den Schnee aus dem Gesicht, „willst du wohl aufhören? Da soll's einen nicht wundern, wenn der Bürgermeister Beschwerdebriefe loslassen muß."

„Mücke! Peter!" ruft es von der Haustür her, „was fällt dir ein!" Und die Oma packt den Jungen hinten an seiner Wolljacke und zieht ihn zurück, „du darfst doch den Herrn nicht mit Schnee bewerfen!"

„Wenn er aber aussieht wie ein Schneemann?" verteidigt sich Mücke.

„Ich habe einen Brief für Herrn Paulsen", sagt der Gemeindediener und klopft den Schnee von der Mappe, den Mückes Schneebälle hinterlassen haben. Die Oma dankt, nimmt den Brief und geht damit ins Arbeitszimmer. Hummelchens Vater betrachtet den Umschlag mit gerunzelter Stirn, schlitzt ihn mit dem Brieföffner auf und liest:

„Sehr geehrter Herr Paulsen!

Ich möchte Sie bitten, Ihre Tochter Ursula heute nachmittag um vier Uhr zu mir zu schicken. Es handelt sich um die Angelegenheit des Brauereibesitzers Weiners.

Mit bester Hochachtung!

Der Bürgermeister."

Er liest die wenigen Zeilen noch ein paarmal und seufzt tief auf.

Hummelchen kommt fröhlich hüpfend aus der Schule heim. Sie umarmt Mücke und die Oma, küßt die Mutter, die gerade den Tisch deckt, und ist guter Dinge — soweit man guter Dinge sein kann, wenn man ein Wappen sucht, das sich nicht finden läßt.

Da ruft der Vater aus dem Arbeitszimmer: „Ursula! Komm mal zu mir!"

Hummelchen muß sich erst besinnen. Ursula? Wieso? Seit Jahren hat sie nie mehr Ursula geheißen. Also muß etwas ganz Schreckliches passiert sein.

„Was hast du angestellt?" fragt der Vater streng, kaum daß sie ins Zimmer getreten ist.

„Angestellt? Aber Vati, was soll ich denn angestellt haben?" fragt Hummelchen erstaunt zurück.

„Das will ich eben von dir wissen", grollt er streng. Auch die Oma und die Mutter sind ins Zimmer getreten.

Mücke drückt sich zwischen sie und guckt ängstlich auf die geliebte Schwester.

„Ich weiß wirklich nicht, was du meinst", sagt Hummelchen ehrlich erstaunt. Sie überlegt: Eine „3" im Rechnen, na ja, schön ist das nicht, aber so schlimm nun auch wieder nicht, daß der Vater sie Ursula nennen muß. Dann hat sie sich bei der letzten Schlittenfahrt die Hosen zerrissen. Über so etwas war er aber bisher noch nie erzürnt. Was könnte sie bloß noch gemacht haben?

Da ruft Mücke zwischen den Falten von Muttis und Omas Rock hervor: „Vati, zanke nicht mit Hummelchen. Ich bin's gewesen, ich ganz allein!"

„Was, du?" Der Vater guckt den Knirps erschrocken an. „Was hast du denn mit der ganzen Sache zu tun? Habe ich denn nur unartige Kinder? So weit ist es schon, daß der Bürgermeister mir einen Beschwerdebrief schickt. Was hast du angestellt, Peter?"

„Mücke, Kind, was hast du gemacht?" Die Mutter setzt sich neben Vaters Schreibtisch in den Sessel und nimmt den kleinen Jungen liebevoll auf den Schoß, „sag's, Mücke. Kann denn wirklich ein kleiner Bub wie du etwas so Böses anstellen, daß sich der Bürgermeister einschalten muß? Du warst ja kaum allein. Meist bist du doch mit Oma unterwegs gewesen. Hast du vielleicht mit Schneebällen die Scheiben am Rathaus eingeschlagen?"

Mücke macht runde Augen. „Was für Scheiben?" fragt er. „Wo ist denn das Rathaus?"

„Aber Mücke, du sagtest doch eben, daß nicht Hummelchen, sondern du etwas getan hättest", schaltet sich der Vater ein, „was war es denn sonst?"

„Ich wollte der Oma helfen, als sie das gute Geschirr wegräumte. Da fiel mir eine Tasse herunter und ging kaputt. Die Oma war nicht dabei. Da habe ich die Scherben schnell in den Keller geschafft und in den Abfall geworfen, damit es niemand sieht. Hast du's nun doch gemerkt, Vati? Hummelchen war das nicht. Das war ich, der die Tasse kaputtgemacht hat." Ein kleines, fast unmerkliches Lächeln huscht über das Gesicht des Vaters. Aber er wird gleich wieder ernst.

„Wenn dir so etwas passiert, dann mußt du gleich den Mut haben und sofort sagen, was du angerichtet hast. Nur ein feiger Junge drückt sich davor, die Wahrheit zu sagen. Und du willst doch nicht feige sein, wie?"

„Nein, Vati", sagt der kleine Mücke stolz, denn er weiß, daß Feigheit und Unwahrheit sehr böse Dinge sind.

Die Mutter ist froh, daß nichts Schlimmeres passiert ist. Die Oma seufzt zwar und meint: „Die schöne Tasse! Sie wird im Gedeck fehlen."

Aber die Mutter entgegnet: „Eine ähnliche werden wir auf alle Fälle wiederbekommen." Und so ist die Sache erledigt.

Der Vater wendet sich nun an Hummelchen.

„Ich will dir den Brief vorlesen", sagt er und sieht sein Mädchen ernst an, „dann erwarte ich von dir eine Erklärung." Und er liest den Brief des Bürgermeisters vor.

Hummelchen ist durchaus nicht erschrocken, wie es der Vater erwartet. Sie lacht und sagt: „Oh, Vati, warum muß man denn immer etwas Böses getan haben, wenn der Bürgermeister schreibt? Wir haben auf dem Wehrgang eine alte Brosche gefunden. Sie gehört Frau Weiners. Bestimmt haben Benno, Conny und die anderen auch so einen Brief bekommen. Soll ich sie fragen gehen?"

Der Vater atmet auf. „Ja, wenn das so ist", meint er, „dann bin ich beruhigt. Hummelchen, du hattest mir einen argen Schreck eingejagt."

Hummelchen umarmt den Vater stürmisch. „Mein lieber, guter Paps", sagt sie zwischen zwei langen Küssen, „du sagst immer, daß ich eine wilde Hummel bin, aber so etwas Böses werde ich nie tun, daß sich der Bürgermeister bei dir beschweren muß. Ich habe euch doch alle toll lieb, und darum werde ich euch auch nie so ärgern, daß ihr mir böse sein müßt. Bist du jetzt zufrieden?"

„Ich bin's", nickt er und drückt sie herzlich an sich, „es war ein Mißverständnis, Hummelchen. Ich bin gespannt, was bei diesem heutigen Besuch beim Bürgermeister herauskommt."

Das sind Benno, Heiner, Conny und Zöpfchen auch. Hummelchen will gerade am Nachbarhaus vorbeihuschen, denn sie hat Puck im Garten gesehen. Aber Puck hat Hummelchen auch gesehen und läuft ihr entgegen.

„Ich komme mit dir", sagt er und drückt das Gartentürchen hinter sich zu.

„Ich habe wirklich keine Zeit, Puck", redet sich Hummelchen heraus, „ein andermal kannst du gern mitkommen, aber heute geht es nicht."

„Das sagst du jetzt immer", erwidert er gekränkt, „nie mehr wollt ihr etwas von mir wissen. Alle schiebt ihr mich beiseite. Benno, Conny, Zöpfchen und Heiner. Sogar Gaby will nichts mehr von mir wissen. Was habe ich euch denn nur getan?"

Es klingt wie unterdrückte Tränen in seiner Stimme. Hummelchen tut das sehr leid, aber sie darf ihr Wort nicht brechen, das auch sie den anderen gegeben hat.

„Du hast uns nichts getan, Puck", sagt sie freundlich, „aber sieh mal, es gibt eben Sachen, die man allein machen muß."

„Den anderen hast du es aber auch gesagt", wirft er ein, „warum sagst du es mir nicht?"

„Puck, es dauert nicht mehr lange, dann weißt du es auch. Ich muß mich jetzt beeilen. Tschüs, Puck!" und sie eilt die „Tüte" hinunter.

Puck läßt Hummelchen bis zur Ecke der Braustraße laufen, dann fegt er wie der Blitz hinterher. Der Schnee stiebt hinter ihm auf, und seine Backen röten sich vom schnellen Laufen und von der Spannung. Er sieht Hummelchen in ihrem roten Strickanzug die Braustraße hinuntergehen und schleicht ihr, an die Häuserwände gedrückt, nach.

Da kommen Conny und Zöpfchen. Er erschrickt, blickt schnell in das Schaufenster des Spielwarengeschäftes und tut, als sähe er die beiden Mädchen nicht.

„He, Puck!" ruft Conny, „wo willst du hin?"

„Ich?" er wird ein bißchen rot, „och — nirgendwohin, nur so bummeln! Habt ihr schon die neuen Spiele gesehen?", und er zeigt in das Schaufenster.

„Wir haben keine Zeit", sagt Zöpfchen, „wir müssen ins Rat . . ."

Conny stößt Zöpfchen in die Seite. Beinahe hätte die Freundin sich verplappert.

Puck läßt sich nichts anmerken. Also, die Mädchen haben auch keine Zeit, genau wie Hummelchen. Wo müssen sie hin?

Puck läßt sie vorangehen. Als sie um die Ecke der Kirchgasse biegen, läuft er ihnen nach und sieht sie gerade noch in den Eingang des Rathauses treten.

„Toll!" sagt der kleine Puck, lehnt sich gegen die Mauer und denkt nach. Die ganze Sache wird dem Jungen immer unverständlicher, und er ist entschlossener denn je, hinter das Geheimnis zu kommen.

Als es von der Stadtkirche vier Uhr schlägt, betritt auch der Brauereibesitzer Weiners das Rathaus. Puck kennt ihn nicht und kann nichts von einem Zusammenhang ahnen, der zwischen seinen Freunden und Herrn Weiners besteht. Er macht sich wieder auf den Heimweg und hat viel nachzudenken.

„He, Zwerg!" ruft der Pauker, der gerade um die Ecke kommt, „du schläfst wohl mit offenen Augen? Du hast mir ja mit deinem Dickkopf ein Loch in den Bauch gestoßen."

Puck muß lachen.

„Ich sehe aber nichts. Das Loch kann nicht groß sein oder du hast einen Gummibauch? Warum kommst du auch so um die Ecke geschossen? Du hast mich gestört. Ich mußte nachdenken."

„Aha, die Schularbeiten", nickt der Pauker verständnisvoll.

„Nein, nicht über die Schularbeiten", erklärt Puck offenherzig, „ich habe über meine Freunde nachgedacht. Die sind jetzt immer so komisch. Früher durfte ich bei allen Spielen mitmachen. Jetzt schieben sie mich beiseite. Dabei bin ich nur ein halbes Jahr jünger als Hummelchen."

„Hummelchen?" überlegt der Pauker. Ach ja, das ist die kleine, freche Kröte, die die ganze Bande von der „Tüte" anzuführen scheint. Es steckt also doch etwas Besonderes hinter der ganzen Heimlichtuerei, wenn sie sogar den kleinen Freund ausschließen. Und plötzlich kommt dem Pauker eine Idee: Wenn er von Hummelchens Freunden nichts erfährt, so kann er vielleicht über den kleinen Puck hinter das Geheimnis kommen.

„Du mußt sie ständig beobachten, Zwerg!" sagt er eindringlich. „Ich habe auch schon gemerkt, daß sie etwas Tolles vorhaben. Ich helfe dir dabei, so gut ich kann. Du meldest mir alles, was du gesehen und gehört hast, und dann beraten wir weiter, was zu tun ist. Wollen wir zusammenarbeiten?"

Puck ist anfangs noch ein wenig mißtrauisch. Warum interessiert sich der Pauker für die Streiche, die Hummelchen und ihre Freunde planen? Doch sagte Hummelchen nicht, es sei etwas Großes im Gange, und bald würden es alle in Thalburg erfahren? Vielleicht ist es gar kein Streich, vielleicht ist es wirklich eine feine Sache. Warum sollten der kleine Puck und der große Pauker nicht auch ihren Anteil daran haben?

Und Puck schlägt vertrauensvoll in die große Hand des Paukers ein. Der freut sich, denn er weiß, daß er von dem Kleinen bald alles erfahren wird.

*

Hummelchen und ihre Freunde stehen im Amtszimmer dem Bürgermeister und dem Brauereibesitzer Weiners gegenüber.

„Ich freue mich wirklich, daß die Kinder das Schmuckstück gefunden haben", sagt Herr Weiners, „es ist sehr wertvoll. Besonders freut mich, daß wir es nach so langen Jahren wiederbekommen haben. Das ist fast ein Wunder. Dafür sollen sich die Kinder etwas wünschen. Zunächst aber lade ich sie alle herzlich zu einer fröhlichen Kaffeegesellschaft für den nächsten Donnerstag ein. Ihr kommt doch zu mir und meiner Frau? Auch meine Kinder freuen sich auf euch."

Hummelchen und ihre Freunde sagen zu und Hummelchen fragt keck:

„Wir dürfen uns auch etwas wünschen, Herr Weiners?"

„Gewiß, ich habe es ja versprochen", lacht er.

„Darüber müssen wir miteinander beraten", meint Hummelchen, „dürfen wir das vor der Tür tun?"

„Aber sicher! Überlegt es euch in Ruhe!"

Hummelchen und ihre Freunde treten auf den Gang hinaus.

„Was sollen wir denn wünschen?" fragt Conny, „soll er uns vielleicht das goldene Wappen herzaubern?"

„Ich weiß wirklich nicht, was wir wünschen sollen", meint Zöpfchen.

„Aber ich weiß es!" sagt Hummelchen und zwinkert den Freunden verschmitzt zu.

„Herr Weiners hat doch die Brauerei, nicht wahr? Und die Brauerei ist auch schon alt. Mein Vati sagte mal, sie hätten dort schon vor dreihundert Jahren Bier gebraut. Die Brauerei hat sicher auch ganz tiefe Keller. Vielleicht hat der alte Lachmund das Wappen dort versteckt, und Herr Weiners will es für sich behalten. Das könnten wir herauskriegen."

„Einfach toll!" flüstert Conny.

Herr Weiners lächelt belustigt, als Hummelchen ihm erklärt: „Wir wünschen uns alle, daß wir Ihre Brauerei einmal ansehen dürfen. Aber ganz genau, jedes Haus von oben bis unten. Dürfen wir das?"

Herr Weiners lacht schallend über diesen seltsamen Wunsch. „Natürlich dürft ihr das. Ihr sollt zusehen, wie das Bier gebraut wird. Und meinetwegen könnt ihr auch die Hallen und Häuser von oben bis unten durchstreifen, wenn euch das so interessiert. Es gibt in der Brauerei so viel zu sehen."

‚Hoffentlich auch das goldene Wappen von Thalburg', denkt Hummelchen.

Hopfen und Malz

Vorsichtig drückt sich Puck hinter die Sträucher, die den Fußweg zu dem Haus von Bennos Eltern von der Einfahrt zur Werkstatt trennen. Die Gittertür ist offen. Das große Tor mit dem Schild „Gustav Köhler — Autoreparatur" ebenfalls.

Puck rennt die „Tüte" hinunter, überquert die Braustraße, flitzt in die „Wilde-Manns-Gasse" und von da zur „Obstgasse".

Der Pauker sitzt wie immer am Fenster seines Zimmers im Erdgeschoß des Häuschens und lernt. Er sinnt gerade über eine schwierige Aufgabe nach, als es ans Fenster klopft und der Blondkopf von Puck auftaucht.

„He, Pauker, mach auf! Ich habe eine wichtige Nachricht", ruft der Kleine durch die geschlossenen Scheiben.

Puck ist auf das Sims des Kellerfensters gestiegen und hat sich hochgezogen. So lehnt er jetzt vor dem Fenster und sieht in die Stube hinein. Seine rechte Hand ist um ein rotes Spielzeugauto geklammert, die linke stemmt sich auf den Stein des Simses.

Der Pauker öffnet das Fenster. Kalter Wind schlägt ihm entgegen.

„Komm herein!" sagt er kurz. „Ich kann das Fenster nicht lange offenlassen. Es wird zu kalt in der Stube. Hoffentlich taugt deine Nachricht etwas."

„Du wirst staunen", sagt Puck und springt von der Mauer herunter, „jetzt wissen wir bald, was die anderen planen."

Und als er in der warmen Stube ist und dem Pauker gegenübersitzt, berichtet er: „Mein Auto ist heute kaputtgegangen. Da ging ich damit zu Benno, denn er kann alles reparieren. Im Hause war er nicht. Seine Mutter schickte mich hinter die Werkstatt, denn da hat Benno seinen Platz, wo er bastelt und repariert . . ."

„Sehr interessant", knurrt der Pauker, „das ist eine großartige Nachricht. Ich werde mich an Benno wenden, wenn mein Denkapparat kaputt ist. Den kann er sicher auch reparieren."

Der kleine Puck lacht.

„Mach's nicht so spannend, Knirps", grollt der Pauker, „erzähle, was gibt's? Wie können wir der Meute ihr Geheimnis entreißen?"

„Das will ich gerade erzählen", sagt Puck, „du redest ja immer dazwischen. — Also, ich gehe hinter die Werkstatt . . ."

„Das hast du schon gesagt, Knirps, komme zur Sache!"

„Auf einmal höre ich Hummelchens Stimme. Da denke ich, wo Hummelchen ist, gibt es immer etwas Neues, und bleibe stehen."

„Sehr gut", murmelt der Pauker, „nur weiter so! Dich kann ich gebrauchen."

„Dann hörte ich auch Heiner und Benno. Sie sprachen nicht laut, aber ich habe es trotzdem verstanden. Was meinst du, Pauker, die sind alle fünf morgen in der Brauerei eingeladen. Um drei Uhr sollen sie dort sein. Herr Weiners will ihnen die Brauerei zeigen."

„Na und?" Der Pauker findet die Nachricht nicht überwältigend. „Wo ist da das Interessante? Morgen ist Donnerstag, und an Donnerstagen sind immer Führungen in der Brauerei. Sicher wollen sich deine Freunde mal an Freibier satttrinken. Bist du neidisch, Knirps?"

„Pah, ich trinke kein Bier!" Puck schüttelt sich. „Das ist mir zu bitter. Aber das ist ja noch nicht alles, was ich gehört habe. Sie gehen in die Brauerei, weil sie dort etwas suchen."

Der Pauker blickt Puck eine Weile aufmerksam an.

„Ja, ja, sie suchen was, das habe ich auch schon gemerkt", sagt er nachdenklich, „aber was?"

„Das weiß ich eben auch nicht", gibt Puck betrübt zu, „aber es muß etwas Wertvolles sein, etwas ganz Tolles."

Der Pauker denkt nach. Er tut das mit zusammengezogenen Brauen und verkniffenem Mund. Das sieht so komisch aus, daß Puck am liebsten lachen möchte. Aber er wagt es nicht. Der Pauker kann sehr ungemütlich werden, wenn man ihn auslacht.

„Höre zu, Knirps!" sagt der Große schließlich, „wir gehen morgen auch in die Brauerei. Wenn wir Glück haben, können wir uns einer Führung anschließen. Wir müssen deine Freunde beobachten. Wir müssen herauskriegen, was sie suchen. Vielleicht können wir ihnen zuvorkommen und finden es eher als sie. Verstanden?"

„Klar", nickt Puck. „Also, auf zur Brauerei!"

Sie machen sich am nächsten Nachmittag auf den Weg. Die vielen Gebäude der Brauerei sind von einer Mauer umgeben. Vorn am Tor sitzt der Pförtner, der die Besucher nach ihren Wünschen fragt.

Der Pauker und Puck haben sich hinter die Mauer am Pförtnerhaus gedrückt und warten. Kurz vor drei Uhr kommen die Kinder von der „Tüte". Sie haben Sonntagskleidung an und machen erwartungsvolle Gesichter. Hummelchen springt nicht ein einziges Mal in einen Schneehaufen, und keiner wagt mit den sauberen Handschuhen einen Schneeball zu formen.

Sie gehen durchs Tor. Der Pförtner nickt ihnen zu, denn er weiß Bescheid.

Der Pauker sagt: „So, die wären drin. Und wie kommen wir 'rein? Wo bleiben die Leute, die an einer Führung teilnehmen?"

„Da kommen sie!" Puck weist auf den großen Omnibus, der gerade auf das breite Tor zufährt.

„Es klappt alles. Komm mit!" Der Pauker gibt Puck einen Wink und drückt sich mit ihm an der Mauer entlang.

Der Omnibus ist in den Hof eingefahren, in dem die Lastwagen der Thalburger Brauerei stehen. Eine lachende Menschenschar springt heraus. Als sie unter Führung eines Angestellten der Brauerei zu dem großen Sudhaus hinübergehen, fällt es keinem auf, daß sich ihnen ein junger Mann und ein kleiner Junge angeschlossen haben.

Zur gleichen Zeit begrüßt Herr Weiners seine jungen Gäste und drückt jedem die Hand.

„Ich schlage vor, ihr seht euch erst einmal den ganzen Brauereibetrieb an", sagt er, „es gibt sehr viel zu sehen, und ihr werdet hinterher froh sein, wenn ihr euch bei Kaffee und Kuchen ausruhen könnt."

Die Kinder nicken erfreut, und Herr Weiners geht ihnen voran.

„Heute ist Besuchstag", sagt er, „da kommen viele Leute von auswärts, um sich anzusehen, wie das Bier gebraut wird, das sie trinken. Am Schluß sind sie dann Gäste der Brauerei und können einmal kostenlos Bier trinken. So kleine Besucher wie ihr bekommen natürlich Kaffee und Kuchen."

Im Sudhaus haben gerade die Besucher vom Omnibus den Raum wieder verlassen, als Hummelchen und ihre Freunde mit dem Besitzer die große Halle betreten. In vier riesigen Kupferkesseln braust das Bier, von einem Mann im weißen Anzug bewacht. Herr Weiners hebt Hummelchen hoch, damit sie in den Kessel hineinsehen kann, und Hummelchen erschrickt vor dem Meer schäumenden und kreisenden Bieres.

Dann sieht sie sich in der Halle um. Die Wände sind hell gekachelt und hoch. Nirgendwo hätte hier ein Versteck seinen Platz. Sie steigen die schmale Treppe im Hintergrund der Halle hinauf. Von irgendwoher hören sie die Stimmen der Leute, die an der Führung durch die Brauerei teilnehmen, und der sich Puck und der Pauker angeschlossen haben.

„Drängle dich nicht vor", flüstert der Pauker und hält Puck zurück, der unbedingt hören will, was der Führer an der Spitze des Zuges erklärt, „wir müssen am Ende bleiben, damit wir deine Freunde nicht aus den Augen verlieren. Da kommen sie schon. Zurück, Knirps, daß sie uns nicht sehen!"

Herr Weiners führt die Kinder durch Gänge und über schmale Treppen. Alle Wände sind glatt und weiß, und Hummelchen, die auf verschwiegene Ecken und heimliche Verstecke gehofft hatte, sieht sich vorläufig enttäuscht.

„Hier gärt das Bier zum erstenmal", sagt Herr Weiners und führt sie in einen weißgekachelten Raum mit riesigen Trögen, „das Bier dort drüben ist schon etwas älter. Drei Monate braucht es, bis es trinkfertig ist, und fünf Monate insgesamt, wenn man das Keimen der Gerste und ihre Verarbeitung dazurechnet."

„So lange?" fragt Hummelchen und staunt, „bleibt das Bier immer hier in den großen Becken?"

„O nein, wenn es fertig ist, kommt es in den Lagerraum, bis es in Flaschen oder Fässer abgefüllt wird. Den Lagerraum zeige ich euch auch noch. Ich sagte euch ja, es gibt hier sehr viel zu sehen."

Und da hat Herr Weiners bestimmt recht. Hummelchen und ihren Freunden wird es bald ganz wirr im Kopf. In den riesigen Silos im Hof lagert die Gerste. In langen und tiefen Trögen muß sie keimen, nachdem sie vorher maschinell gereinigt, sortiert und ausgelesen wurde. Dort stehen viele Säcke, prall mit Hopfen gefüllt. Dann betreten die Kinder einen schwülwarmen Raum, die „Darre“, in dem die Gerste getrocknet wird.

Hummelchen stehen die Schweißtropfen auf der Stirn.

„Puh“, macht sie mit krauser Nase, „das ist keine schöne Wärme. Da bin ich lieber im Kalten.“

„Dorthin kommen wir nun“, sagt Herr Weiners und macht die Tür der Darre hinter ihnen zu, „wir gehen in die Lagerräume im Keller.“

Hummelchen stößt Benno an.

„Jetzt müssen wir aufpassen“, flüstert sie ihm zu, „im Keller kann er es versteckt haben.“

Benno nickt.

Auch die Keller haben weiße, glatte Wände. Lange Rohre, die eiskalt sind, winden sich durch die Räume, und die Schläuche, die das Bier nach oben in die Abfüllräume leiten, sind ebenfalls so kalt, daß man beim Anfassen meint, sie seien aus Eis. Dann gibt es noch viele Kellerräume, in denen riesige, weiße Tanks lagern, und an jedem steht das Fassungsvermögen daran.

„Hundertvierzig Hektoliter“, liest Benno, „das ist ja toll! Sind die alle voll Bier?“ Herr Weiners nickt: „Sie sind alle voll. Es sind im ganzen zweihundertfünfzig solcher Tanks. Viele sind auch kleiner, sie haben nur sechzig, achtzig oder hundert Hektoliter Inhalt. Da drüben im Keller stehen die Tanks übereinander.“

Hummelchen blickt sich aufmerksam um. Nein, zwischen diesen Behältern kann Herr Weiners das Wappen nicht versteckt haben. Das würde den Angestellten auffallen, die die Tanks kontrollieren. Aber wo könnte es hier sonst sein?

Aus einem Nebengang kommen die schwatzenden und lachenden Stimmen der Besucher aus dem Omnibus. Hummelchen packt Benno plötzlich am Arm.

„Du, da war einer dabei, der sah aus wie der Pauker“, flüstert sie.

Benno guckt sie ungläubig an.

„Der Pauker? Du siehst Gespenster, Hummelchen. Wie sollte der hierherkommen?“

„Warum denn nicht?" meint Hummelchen, „er kann sich die Thalburger Brauerei doch auch mal ansehen wollen."

„Aber gerade heute? Das wäre doch ein komischer Zufall."

Heiner kommt die Sache nicht so unmöglich vor. Dem Pauker ist alles zuzutrauen. Allerdings, woher sollte er wissen, daß sie gerade heute die Brauerei besichtigen? Nein, Hummelchen hat sich bestimmt geirrt!

Der Pauker hält Puck zurück. Er hat Hummelchen und ihre Freunde gesehen. „Paß auf", flüstert er dem Kleinen zu, „hier unten in den Kellern können wir sie belauschen. Da ist man schnell hinter einem Tank oder in einem Nebenkeller verschwunden. Laß die Führung, die brauchen wir nicht mehr."

„Also gut!" sagt Puck und verschwindet mit dem Pauker in einem Nebengang, denn Herr Weiners kommt mit den Kindern aus dem Keller heraus. Er zeigt ihnen noch ein paar andere Keller, und der Pauker und Puck müssen sich eilig weiter zurückziehen, damit sie nicht gesehen werden. Es bleibt ihnen keine andere Möglichkeit, als in den Hintergrund eines Kellers zu flüchten und sich zwischen zwei Riesentanks zu verstecken.

Als sie sich wieder hervorwagen, ist von Herrn Weiners und den Kindern nichts mehr zu sehen und zu hören.

„So ein Pech", meint Puck, „wie sollen wir herauskriegen, wo die hingegangen sind?"

„Das haben wir gleich", der Pauker zieht den Kleinen hinter sich her, „die haben wir bald wieder."

Aber der Pauker muß bald einsehen, daß die vielen Lagerkeller wie ein richtiger Irrgarten sind. Immer wieder kommen sie in einen anderen Gang, in einen anderen Keller. Gelbes Lampenlicht liegt über weißen Tanks und Biergeruch in allen Räumen.

„Wenn es bloß nicht so eklig kalt wäre", flüstert Puck.

„Unsinn, Knirps, hier ist es nicht kälter, als auf der Straße. Wenn ich bloß wüßte, ob wir heute noch hier 'rauskommen. Es ist kein Mensch zu sehen. Wenn wir hier übernachten müssen, trinke ich einen ganz Tank voll Bier aus."

„Dann bist du aber bestimmt betrunken", meint Puck mit einem Blick auf einen der Riesentanks.

Und während der Pauker und Puck durch die Keller irren und einen Ausgang suchen, zeigt Herr Weiners den Kindern die Hallen, in denen die Fässer lagern, und andere, wo sie gesäubert und neu aufgefüllt werden. Er führt sie in die Halle, in der die Flaschen sortiert, gewaschen und neu abgefüllt werden. Es ist ein Höllenlärm darin. Bewundernd stehen die Kinder vor den riesigen Maschinen, die automatisch die Flaschen füllen und verschließen. Hier arbeiten so viele Menschen, daß es Hummelchen unmöglich scheint, es könne in diesen Hallen was verborgen sein, von dem niemand etwas wissen darf.

Nein, sie hat sich sicher geirrt. Herr Weiners scheint das Wappen auch nicht zu haben, höchstens drüben in seinem Hause, das seitlich auf dem Brauereigelände steht.

Sie schauen sich noch die Halle an, in der die Flaschen in Kisten gestellt, von einem Karren abgeholt und an die Rampe vor der Halle auf Lastwagen verladen werden. Dann führt Herr Weiners die Kinder zu seinem Haus zurück.

Der Pauker und Puck sehen gerade noch, wie sie hinter der Eingangstür verschwinden. Sie hatten schließlich doch noch aus den Kellern herausgefunden und müssen nun feststellen, daß sie nicht hinter das Geheimnis gekommen sind.

„Das war ein Reinfall", sagt der Pauker, „wir müssen eben weiter die Augen offenhalten, Knirps. Jetzt wollen wir uns verdrücken. Die Führung erwischen wir doch nicht mehr", und er schleicht mit Puck zum Ausgang.

„Nun, wie hat es euch gefallen?" fragt Herr Weiners, als die Kinder in seinem gemütlichen Wohnzimmer sitzen.

„Sehr gut", sagt Hummelchen, „ich hätte gar nicht gedacht, daß die Brauerei so groß ist. Ich glaube, wenn man darin etwas versteckt, kann man es kaum wiederfinden."

Herr Weiners lacht.

„Ich habe aber etwas darin versteckt", sagt er augenzwinkernd, „allerdings nicht mehr lange. Nächste Woche werden es alle Leute sehen."

Hummelchen macht große Augen und die anderen halten den Atem an.

„Ist — ist es etwas Goldenes?" fragt sie leise.

„Nein, golden ist es nicht. Es ist braun wie Kaffee."

„Braun wie Kaffee?" Hummelchen ist verdutzt, „ist es hart und groß?"

„Nein, flüssig und viel", entgegnet Herr Weiners lachend, und seine Frau und seine beiden großen Töchter lachen mit.

Er sagt: „Ein Geheimnis war es gerade nicht, aber das Rezept haben wir geheimgehalten, denn wir haben dafür ein besonderes Verfahren. Wir haben ein neues Bier hergestellt, das nächste Woche in den Handel kommen soll. Und zwar ist es ein Malzbier für Kinder und Kranke. Also ein Gesundheitsbier. Es ist süß, ganz alkoholarm und schmeckt großartig. Wenn ihr euren Kaffee getrunken und euren Kuchen gegessen habt, sollt ihr ein Gläschen davon bekommen. Ihr seid dann die ersten außerhalb der Brauerei, die davon trinken."

„Und ist das alles, was sie versteckt haben?" fragt Hummelchen aufatmend.

„Gewiß, was soll ich denn noch versteckt haben? Das neue Bier ist unser Schatz, den wir in einem besonderen Keller gelagert haben, den ich euch nicht zeigte. Ich glaube, daß ich ein gutes und erfrischendes Getränk hergestellt habe und verspreche mir ein gutes Geschäft damit."

Daß es gut ist, stellen die Kinder fest, als sie das braune, süße und würzige Bier trinken.

„Oh, es schmeckt einfach herrlich", sagt Hummelchen begeistert und die anderen pflichten ihr bei, „das möchte ich jetzt immer trinken."

Herr Weiners lächelt.

„Das freut mich. Aber damit es auch recht viele Leute trinken, suche ich nach einem Spruch, der den Leuten sagt, wie gut es ist. Die Wörter Malz und Gesundheit müssen darin vorkommen. Vielleicht könnt ihr mir ein bißchen dabei helfen?"

Die Kinder überlegen. Verse und Sätze fliegen hin und her, werden geprüft und verworfen. Als sie schon meinen, nichts mehr zu finden, ruft Hummelchen: „Ich glaube, ich hab's." Und sie deklamiert: „Thalburger Malz zur Gesundheit und Freude, ein leckeres Bier für alle Leute!"

„Das nehmen wir!" ruft Herr Weiners, „Prost Ursula und vielen Dank!" Und er hebt sein Glas mit dem neuen, braunen Bier den Kindern entgegen.

„Mit dem Wappen war es wieder nichts", meint Hummelchen, als sie die Brauerei verlassen, „Herrn Weiners' Schatz war ein Malzbier."

„Aber es hat prima geschmeckt", sagt Heiner, und das finden die anderen auch.

Puck erreicht sein Ziel

Fräulein Fröhlich dreht die Landkarte um, die an einem Gestell neben ihr hängt.

„Ihr habt gesehen, welche und wie viele Länder an Deutschland grenzen", sagt sie, „und wenn ihr gut aufgepaßt habt, könnt ihr mir jetzt aufzählen, welche Länder auf der Westseite an Deutschland grenzen. — Heinz?"

Puck springt von seinem Platz auf. Er hat zu Hummelchen hinübergesehen und nur mit halbem Ohr hingehört. Aber die Worte „Westseite" und „Deutschland" hat er noch verstanden. So zählt er sie auf: „Belgien, Holland, Frankreich und — und", Puck blickt hilfesuchend auf die umgedrehte Landkarte, „und die Schweiz!" ruft er.

„Liegt die Schweiz auch auf der Westseite?" fragt Fräulein Fröhlich, „Anita?"

„Sie liegt im Süden", antwortet das Mädchen aus der ersten Bank der Fensterreihe.

„Setze dich, Heinz", Fräulein Fröhlichs Blick geht die Fensterreihe entlang und bleibt an dem dunklen Lockenkopf Hummelchens hängen.

Hummelchen hat das Kinn in die linke Hand gestützt und schaut gedankenverloren vor sich hin. Ihr ist gerade eine Idee gekommen, während Fräulein Fröhlich die Nachbarländer Deutschlands besprach. Diese Idee nimmt sie ganz gefangen und läßt ihre Gedanken gewissermaßen außerhalb des Klassenzimmers spazierengehen. Sie spazieren die breite Treppe hinunter, die jetzt ganz still in dem großen Hause liegt, denn es ist überall Unterricht. Sie machen vor der Kellertür im Erdgeschoß halt, und Hummelchens Augen werden nachdenklich. Sie weiß, daß im Keller die Heizungsräume liegen, aber nicht nur die, es sind noch viele Räume unter dem großen Hause der Volksschule.

Was mögen sie wohl alles bergen? Sagte Fräulein Fröhlich nicht einmal, daß in den Kellern unter der Schule noch altes Zeug von früher liege? Könnte der alte Lachmund damals nicht auch das Wappen unter der Schule versteckt haben? Alle Räume unter der Erde sind Hummelchen verdächtig. Vielleicht sind in all den vergangenen Jahrhunderten eilige Kinderfüße über die Treppen gelaufen, und niemand hat gewußt, daß unter ihnen der größte Schatz Thalburgs liegt.

Sie muß in der Pause unbedingt mit den Freunden über ihre Idee sprechen, vielleicht . . .

„Ursula!" Fräulein Fröhlich unterdrückt einen Seufzer. „Welches Land liegt denn noch auf der Westseite Deutschlands?"

Hummelchen kann ihre Gedanken nicht so schnell ordnen. Sie sieht verwirrt auf die umgedrehte Landkarte. Auf der Westseite? Wo ist denn gleich die Westseite? Daß sie sich das aber auch nie merken kann!

Aber dann hellt sich ihr Gesicht auf.

„Polen!" ruft sie erleichtert und springt auf.

Die Kinder kichern.

Fräulein Fröhlich sagt nach einer Weile: „Ursula, wo bist du nur immer mit deinen Gedanken? Es ist nicht mehr weit bis Ostern. Du wirst dich noch sehr anstrengen müssen, wenn du deine Noten verbessern willst. Du hast seit einigen Wochen sehr nachgelassen. Also gib dir Mühe! Es ist mir recht unangenehm, wenn Kinder meiner Klasse schlechte Zeugnisse haben. Ich möchte gern, daß ihr euch alle über eure Zeugnisse freut, aber das könnt ihr nur, wenn ihr fleißig und aufmerksam seid."

Hummelchen nickt schuldbewußt. Wenn sie doch erst das Wappen gefunden hätte, dann brauchte sie nicht mehr darüber nachzudenken.

Puck sieht von der Bubenbank zu ihr hinüber. Er ahnt, daß Hummelchen wieder an das Geheimnis denkt, das sie und die

Freunde ihm nicht verraten wollen. Er muß es herausbekommen und er beschließt, Hummelchen auf allen Wegen zu folgen.

In der Pause läuft Hummelchen eine Treppe tiefer zu Bennos Klassenzimmer. Puck drückt sich zwischen die vorbeilaufenden Schüler und hält sich in ihrer Nähe. Neben Benno treten auch Conny und Gaby aus dem Klassenzimmer. „Ich habe eine neue Idee", sagt Hummelchen zu ihnen, „ich muß sie euch gleich sagen. Wir müssen auch Heiner und Zöpfchen dazuholen."

„Warum treffen wir uns nicht im Marienturm?" flüstert Gaby.

„Weil es diesmal nicht nötig ist", erklärt Hummelchen leise, „es ist am besten, wir gehen ins Lehrmittelzimmer. Da ist es ruhig. Wer holt Zöpfchen und Heiner?"

„Das mache ich", sagt Conny, „geht voran! Ich komme mit den beiden nach."

Puck hat ihr Gespräch gehört, wendet sich hastig um, läuft die Treppe hinauf und den Gang hinunter. Im Lehrmittelzimmer ist es still. Neben dem großen Schrank in der Ecke hängt glücklicherweise eine Landkarte, die der Hausmeister zum Trocknen aufgestellt hat. Sie war an den Seiten eingerissen und er hat sie geklebt. Dahinter versteckt sich Puck. Er ist kaum verschwunden, da betreten Hummelchen, Benno und Gaby das Zimmer. Bald darauf kommen auch die anderen.

„Hier kann man wenigstens ungestört reden", sagt Hummelchen, „paßt auf, was mir eingefallen ist: Kann nicht auch hier im Schulhaus das Wappen versteckt sein? Es hat ja so viele Kellerräume. Wir müßten gleich heute nachmittag danach suchen. Was meint ihr?"

„Ja, warum nicht?" sagt Benno, „im Schulhaus kann das Wappen auch sein. Ich suche mit."

„Wir auch", sagen Gaby und Zöpfchen, und Heiner nickt zustimmend.

„Wenn uns aber der Hausmeister sieht?" gibt Conny zu bedenken.

„Er darf und wird uns nicht sehen", Hummelchen sagt es hastig und entschieden. „Wenn wir geschickt sind, merkt er auch nichts. Er ist ja meist in seiner Wohnung. Wir treffen uns am Nachmittag um vier Uhr an der Ecke Braugasse und Wilde-Manns-Gasse. Dann schleichen wir leise ins Schulhaus. Verstanden?"

„Verstanden!" nicken sie, und die Begeisterung leuchtet aus ihren Augen. Es läutet zur nächsten Schulstunde. Sie verlassen das Lehrmittelzimmer und mischen sich unter die anderen Schüler, die zu ihren Klassenzimmern gehen.

Puck wartet noch ein Weilchen, dann verläßt er das Zimmer. Er erreicht sein Klassenzimmer kurz vor Fräulein Fröhlich und huscht an seinen Platz.

Donnerwetter! Was hat er da gehört! Sie suchen nach einem Wappen? Was ist das für ein Ding, daß man ein solches Geheimnis darum macht? Und sie suchen es hier im Schulhaus? Der Pauker wird staunen, wenn er ihm das mitteilt. Aber dann beschließt Puck, erst einmal allein hinter die ganze Sache zu kommen. Dem Pauker kann er hinterher davon berichten. Puck hat jetzt soviel nachzudenken, so daß er es ist, den Fräulein Fröhlich zur Aufmerksamkeit ermahnen muß.

Als Hummelchen mit ihren Freunden am Nachmittag in das stille Schulhaus schleicht, wartet Puck schon unten im Keller. Er hat sich hinter den großen Heizkessel gedrückt, da es dort am dunkelsten und am sichersten ist, und verhält sich mäuschenstill.

„Der Hausmeister scheint nicht da zu sein", meint Benno, „es ist so still in seiner Wohnung."

„Ich habe seine Frau vorhin am Markt gesehen. Sie ging ins Kaufhaus", sagt Zöpfchen.

Oben im Schulhaus wird eine Tür geschlossen.

„Doch, der Hausmeister ist da", flüstert Hummelchen, „aber er ist oben. Schnell, ehe er nach unten kommt!" und sie schleichen zur Kellertür.

„Hoffentlich ist sie offen."

Sie ist offen, und Conny, die als letzte die Treppe nach unten geht, drückt sie leise hinter sich zu.

„Kein Licht machen", flüstert Benno, „es ist hell genug! Wo fangen wir an?"

„Gleich hier", Hummelchen tritt auf den Heizungskeller zu.

Puck drückt sich noch tiefer hinter den Kessel.

„Hier ist doch ganz unmöglich das Wappen", meint Benno,

„glaubst du, der Hausmeister habe es hier aufgestellt, wo es jeder sehen kann? Hier brauchen wir nicht zu suchen. Kommt weiter zur nächsten Tür."

Puck atmet erleichtert auf. Ihm wird es ganz schön warm hinter dem Kessel. Er tritt einen Schritt vor und lauscht.

Benno hat die nächste Tür geöffnet und leuchtet mit der Taschenlampe hinein. Es ist der Holzkeller. Die Scheite liegen hochgestapelt bis zur Decke.

„Sollen wir das Holz abräumen?" fragt Zöpfchen. „Vielleicht ist dahinter eine geheime Tür."

„Das glaube ich nicht", meint Hummelchen gedehnt und zuckt die Schultern. Aber dann kommen ihr Zweifel. Wenn nun wirklich eine geheime Tür dahinter ist? Sie können doch unmöglich das ganze Holz wegräumen!

Heiner sagt: „Wir gehen erst mal weiter. Vielleicht finden wir das Wappen in einem anderen Keller. Es sind ja noch genug da."

Der nächste Raum ist voller Koks, und in einem anderen liegen Berge von Briketts. Die Kinder blicken unschlüssig drein.

„Wenn wir das alles wegräumen müßten, hätten wir ja tagelang zu tun", meint Zöpfchen entsetzt.

„Das ginge ja gar nicht." Heiner lacht. „Bis dahin hätte der Hausmeister uns längst bemerkt."

„Kommt weiter", sagt Hummelchen leise, „der Holz- und die Kohlenkeller bleiben uns zuletzt immer noch. Ich weiß, daß hier unten viel altes Zeug von früher liegt. Fräulein Fröhlich sagte es einmal in einer Geschichtsstunde."

Puck nickt in seinem Versteck. Er könnte das bestätigen, denn er geht ja in Hummelchens Klasse.

„Vielleicht weiß sie sogar etwas von dem Wappen?" flüstert Benno.

„Ach, das glaube ich nicht", Gaby schüttelt entschieden den Kopf, „so einen kostbaren Schatz darf man ganz einfach nicht verschweigen. Sie hätte es längst gemeldet, denn er gehört doch Thalburg."

Puck spitzt die Ohren. Ein kostbarer Schatz ist das Wappen?

Und es gehört Thalburg? Wenn er bloß hinter das ganze Geheimnis käme!

Die Kinder sind weitergeschlichen. Durch Keller und Gänge ziehen sich dicke und dünne Röhren. Es gluckst und rauscht in ihnen.

„Unheimlich ist es", flüstert Gaby, „ich habe ein bißchen Angst."

„Angst!" sagt Benno verächtlich, „wenn wir alle zusammen sind, brauchst du doch keine Angst zu haben. Oder meinst du, daß hier unten ein Räuber ist?"

Sie sehen sich einen Augenblick atemlos an.

„Ja, warum eigentlich nicht?" meint Conny, „vielleicht sucht noch ein anderer nach dem Wappen? Vielleicht will er den Schatz stehlen und verkaufen?"

„So ein Quatsch!" Benno tippt sich an die Stirn, „das Wappen kann man doch nicht verkaufen! Jeder merkt doch gleich, daß es Thalburg gehört. Niemand als wir weiß von dem Geheimnis. Oder hat einer von euch etwas verraten?"

Sie sehen sich alle etwas mißtrauisch an. Heiner wird ein bißchen rot, aber in dem dämmerigen Gang sieht es keiner. Nein, er hat nichts verraten. Er hat ein reines Gewissen.

„Keiner hat etwas verraten", sagt Hummelchen heftig, „wer das tun würde, ist nie mehr mein Freund. Aber los jetzt, wir müssen weitersuchen!"

Die Mittelgänge sind dunkel. Benno schaltet seine Taschenlampe ein. Sie leuchten damit in die Nebenkeller. Oft sind sie leer, aber in einigen finden sie das alte Zeug, von dem Fräulein Fröhlich sprach.

„Es sind Schränke und Schulbänke." Hummelchen ist enttäuscht.

„Das sind die Bänke, an denen unsere Eltern gelernt haben", sagt Benno und lacht, „du liebe Zeit, waren die komisch! So hoch und steif! Puh, an denen möchte ich nicht sitzen."

„Ob in den Schränken etwas ist?" fragt Zöpfchen.

„Das werden wir gleich sehen", sagt Hummelchen und tritt auf den ersten Schrank zu. Die Tür quietscht in den Angeln, als sie geöffnet wird — leer!

Fast alle Schränke sind leer, die sie öffnen. Doch ein Schrank ist verschlossen und der Schlüssel läßt sich nur schwer umdrehen.

„Hier ist bestimmt etwas drin", Benno bemüht sich, den Schlüssel möglichst lautlos im Schloß zu drehen, „ich glaube, hier werden wir etwas finden."

Puck ist nahe an die Tür des Kellers geschlichen. Da der Gang und der Keller dunkel sind, und der Strahl der Taschenlampe über den Schrank im Hintergrund huscht, sieht niemand den kleinen Verfolger. Puck starrt ebenso gespannt auf die Schranktür, wie die Kinder im Innern des Kellers.

Benno hat endlich das rostige Schloß aufbekommen und öffnet langsam die Tür. Wahrhaftig, dieser Schrank ist nicht leer! Stapel von Büchern stehen auf den Regalen. Ein Globus, zerkratzt und verschrammt lehnt in einer Ecke. Zusammengerollte Landkarten stehen zwischen Stößen von Heften und Papier. Über allem liegt der Staub vergangener Jahrzehnte.

„Nichts!" sagt Benno enttäuscht. „Wozu wird dieser alte Kram überhaupt aufgehoben?" Und er will den Schrank wieder schließen.

Aber Hummelchen hat noch etwas entdeckt.

„Warte", sagt sie hastig und schiebt Benno beiseite, „ich sehe etwas!" Sie bückt sich und angelt ein Paket hervor.

Es ist in Packpapier eingeschlagen und könnte wohl ein Geheimnis bergen. „Komm an den Tisch mit der Lampe!" flüstert Hummelchen und stellt das Paket darauf. „Paßt auf, wir haben das Wappen gefunden."

Die Kinder starren auf Hummelchens Hände, die das Papier entfernen, und wagen kaum zu atmen. Puck macht einen langen Hals, kann aber nichts erkennen, weil die anderen ihm die Sicht versperren.

„Eil dich doch, Hummelchen", drängt Zöpfchen, „ich kann's kaum noch aushalten vor Spannung."

„Wenn Hummelchen zu schnell macht, kann das Wappen auf den Boden fallen und verbeulen", meint Heiner.

„Ach, Kohl!" Bennos Hand zittert so, daß der Taschenlampenstrahl auf und nieder tanzt. „So schnell geht das Wappen nicht kaputt. Es ist doch aus Gold."

Pucks Augen werden groß. Ein Wappen aus Gold? Himmel, welch einem tollen Geheimnis sind denn seine Freunde auf der Spur? Und davon hatten sie ihn ausgeschlossen?

Hummelchen hat das Packpapier abgewickelt. Nun steht ein Karton vor den Kindern.

„Bestimmt ist das Wappen drin", flüstert sie, und betrachtet den Karton von allen Seiten.

„Nun hebe schon den Deckel hoch, Hummelchen. Ich zerplatze sonst", jammert Zöpfchen.

Feierlich hebt Hummelchen den Deckel. Die Kinder sehen auf weißes Seidenpapier. Hummelchen hebt auch das hoch, und dann starren alle fünf enttäuscht auf das, was da vor ihnen liegt.

Es ist ein ausgestopfter Adler. Sein Federkleid ist beschädigt, die Flügel gebrochen, aber in seinen Glasaugen liegt ein wilder, fast lebendiger Blick.

„Eine schöne Entdeckung!" meint Benno ärgerlich. „Und wegen dieses kaputten Viechs bin ich vor Aufregung fast gestorben. Pack's wieder ein, Hummelchen, und dann nichts wie weitersuchen!"

„Aber hübsch ist er doch", sagt Gaby, „er sieht aus, als gucke er uns an und freue sich, daß wir ihn aus seinem langen Schlaf aufgeweckt haben."

„Ich dachte wirklich, es sei das Wappen." Hummelchen ist am meisten enttäuscht. Sie packt den Vogel wieder ein und stellt ihn in den Schrank zurück. In den anderen Kellern finden sie noch abgestellte Schulmöbel, aber trotz eifrigen Suchens nicht das, was sie wirklich suchen.

Puck schleicht ihnen nach, um soviel wie möglich zu hören und zu sehen. Morgen will er sie dann mit seinem Wissen überraschen und ihnen auf den Kopf zusagen, was sie suchen. Da werden sie große Augen machen. Puck freut sich schon auf diesen Augenblick.

Da es in den Gängen fast dunkel ist und die Kinder ihm mit der Taschenlampe voraus sind, übersieht Puck an einem Gangende die abgestellte Kiste und fällt darüber.

Die Kinder fahren zusammen.

„Da ist jemand", flüstert Heiner erschrocken, „es ist noch jemand hier im Keller."

„Es ist doch ein Räuber", meint Gaby mit ängstlichem Blick, „schnell, wir wollen fort!"

„Wenn es ein Räuber ist, dann weiß er, daß das Wappen hier ist", sagt Benno. „Wir müssen ihn fangen. Er muß uns sagen, wo wir es finden. — Los!"

Die anderen zögern, aber Benno erklärt voller Mut: „Wir sind zu fünfen, da werden wir mit ihm fertig werden. — Los, auf ihn!"

Puck hat sich aufgerappelt und ist in den nächsten Gang hineingelaufen. Da er sich aber vor Aufregung verirrt, rennt er kreuz und quer und findet den Kelleraufgang nicht.

Die Kinder jagen hinter ihm her. Der Strahl der Taschenlampe läuft ihnen voraus.

„Bleiben Sie stehen!" ruft Benno. „Sie sind ein Einbrecher! Bleiben Sie stehen!"

Puck saust weiter, stolpert, richtet sich wieder auf, aber dann haben sie ihn doch. Sie werfen sich über ihn und — lassen dann verblüfft von ihm ab.

„Du bist es, Puck?" fragt Hummelchen erstaunt. „Wie kommst denn du hierher?"

Nun erzählt ihnen Puck alles, und er sagt ihnen auch, wie sehr er sich gekränkt fühle, weil sie ihn von diesem Geheimnis ausgeschlossen hätten und ihm nicht trauten. Nur von seinem Bündnis mit dem Pauker sagt er nichts.

„Jetzt weiß ich aber, daß ihr ein goldenes Wappen sucht", schließt er, „bitte, laßt mich mitsuchen. Ich verrate bestimmt keinem etwas davon."

Puck fühlt, daß dieses Geheimnis um das Wappen viel zu groß und zu schön ist, als daß man es dem neugierigen Pauker verraten dürfte.

Hummelchen nickt. Sie weiß, daß Puck dichthalten wird.

„Wir nehmen Puck auf", sagt sie, „er soll mit uns suchen. Schwöre uns, daß du mit niemand darüber sprichst!"

„Ich schwöre es!" sagt Puck feierlich.

Nun ist er aufgenommen in den Geheimbund seiner Freunde, und er ist sehr stolz darauf.

Während sie alle das Schulhaus leise durch den Kellerausgang verlassen, ist Benno still und nachdenklich geworden. Und als sie auf der Straße sind, lacht er, daß ihm fast die Tränen kommen.

„Hummelchen", sagt er, „diesmal bist du mit deiner Idee aber ganz schön danebengeraten. Wir können das Wappen ja gar nicht im Schulkeller finden."

„Wieso?" fragt Hummelchen und zieht die Brauen hoch.

„Weil die Schule erst vor fünfzig Jahren erbaut worden ist. Da hätte man das Wappen beim Ausschachten finden müssen."

Hummelchen macht ein verdutztes Gesicht, aber dann lacht sie, und die anderen Kinder lachen auch. Richtig, über dem Eingang des Schulhauses steht in Stein gemeißelt: Erbaut 1906. Na, so was!

*

Die Suche nach dem Wappen ist bisher erfolglos gewesen. Über ein Monat ist seit dem Tag vergangen, an dem Hummelchen den vergilbten Plan von Thalburg auf dem Speicher des Eichenhauses fand. Alle Spuren, die sie verfolgten, führten ins Leere. Dem Vater bleiben nur noch sechs Wochen, wenn er in seiner Geschichte von Thalburg auch das Wappen erwähnen will.

Soll Hummelchen nicht doch lieber den alten Stadtplan dem Vater zeigen? Vielleicht fände er sich eher darin zurecht als sie und ihre Freunde? Aber das Abenteuer reizt und auch der Ehrgeiz, daß sie, seine kleine Hummel, es ist, die ihm das goldene Wappen von Thalburg bringt. Einer könnte ihr helfen. Aber der schweigt. Ob sie ihn einmal bittet, vielleicht gibt er ihr ein Zeichen und verrät damit, wo sie das Wappen suchen soll.

In kindlichem Glauben an ein Wunder steigt sie am Abend auf das Kaminsims. Nun steht sie fast Auge in Auge vor Onkel Lachmunds Bild.

Sein hageres, verschmitztes Gesicht scheint zu lächeln. Sein Haar hebt sich grau vom mattblauen Hintergrund ab. Hoch ist der weiße Kragen an seinem Hemd unter dem braunen Anzug.

Hummelchen sagt nach einer Weile stummen Betrachtens: „Lieber, guter Onkel Lachmund, du hast uns das schöne Eichenhaus geschenkt. Du weißt, wie wir uns darüber freuen, und wie dankbar wir dir dafür sind.

Und weil du so lieb und gut bist, bitte ich dich um etwas ganz Großes. Wenn du noch lebtest, würdest du es mir bestimmt sagen, denn du allein kennst das Geheimnis. Du weißt schon, was ich meine: das goldene Wappen! Ich glaube bestimmt daran, daß es das Wappen gibt, und meine Freunde und ich haben danach gesucht. Aber wir haben es noch nicht gefunden. Bitte, lieber, guter Onkel Lachmund, sage mir doch, wo wir es finden können. Ich verrate keinem, was du mir gesagt hast, lieber Onkel Lachmund. Bitte, bitte, sage es mir doch!"

Hummelchen starrt gebannt auf das Bild. Aber der schmale, gemalte Mund schweigt. Das Gesicht lächelt verschmitzt wie zuvor. Aber die Augen, die grauen, warmen Augen, in denen so viel Güte liegt, haben sie sich nicht bewegt? Ging nicht ihr Blick nach unten, als wiesen sie den Weg in die Tiefe? Haben die Kinder nicht immer in der Tiefe gesucht? Wo sollen sie denn noch suchen? Sollen sie denn ganz Thalburg umgraben?

Hummelchen seufzt ratlos auf.

Der Vater kommt die breite Treppe herunter.

„Nanu", sagt er erstaunt, „was machst denn du da oben auf dem Sims, Hummelchen?"

„Ich unterhalte mich nur ein bißchen mit Onkel Lachmund", gibt sie zu, „aber er hat keine Lust, mit mir zu sprechen." Und sie klettert vom Sims herunter.

„Auf was für drollige Ideen du kommst", sagt der Vater und schüttelt lachend den Kopf, „mit einem Bild willst du dich unterhalten?" Und er setzt sich an den Kamin und greift nach der Zeitung.

Hummelchen wirft noch einen flehenden Blick auf das Bild an der Wand. Aber es bleibt stumm und lächelt.

*

Der Tag ist grau und trübe. Hin und wieder wirbeln Schneeschauer nieder. Die Luft ist mild und feucht. Graue Wolkenfetzen umziehen den Bergfried der Thalburg. Es ist ein Märztag zwischen Winter und Frühling. Hummelchen findet ihn gerade richtig für ihr Vorhaben, denn er unterstreicht das Geheimnisvolle und Abenteuerliche ihrer geplanten Suche nach dem Wappen auf der alten Burg. Kaum einer von den Thalburger Einwohnern sieht an diesem trüben Nachmittag die Kinder von der „Tüte" den gewundenen Weg zur Thalburg hinaufsteigen. Seit der Schnee geschmolzen ist, und die Fußwege des Burgberges nicht mehr zum Rodeln und Skifahren zu gebrauchen sind, ist es dort still geworden. Kein Mensch steigt jetzt die schlammigen Pfade hinauf, um sich von Gustav, dem alten, treuen Diener des Grafen, die Schätze der Burg zeigen zu lassen. So begegnen die Kinder keinem Auto und keinem Wanderer. Der Wald steht kahl und still. Wirbelnde Schneeflocken setzen sich auf ihre Kleider und auf die starren Äste der Bäume, um sich bald darauf im lauen Wind in Nichts aufzulösen. Dann ist das Schneetreiben mit einem Male vorbei. Der Waldboden ist feucht und strömt einen herben Duft aus.

Hummelchen guckt auf ihre Stiefel.

„Wir werden einen schönen Dreck mitbringen", meint sie, „Gustav wird sich freuen."

„Wenn er uns sieht", sagt Conny.

„Wir können ihn ja bitten, daß er uns vorher die Schuhe abputzt, ehe wir die Burg betreten", ulkt Benno.

Dabei sind sie sich alle einig, daß Gustav sie auf gar keinen Fall sehen darf. Niemand auf der Burg darf sie sehen, denn sie wollen ja heimlich nach dem Wappen suchen.

„Der Graf ist nicht da", sagt Heiner, „das paßt prima."

„Den können wir auch am wenigsten gebrauchen", fügt Zöpfchen hinzu.

Sie stapfen bergauf durch den stillen Burgwald. Nur hier und da piepst es schon in den Zweigen.

Dann steigt die Burg vor ihnen auf. Eine dicke Mauer aus ungefügen Steinen umgibt sie mannshoch. Der Torbogen zum Burghof hat eine eisenbeschlagene Holztür, die jedoch offen ist. Im Hof steht der alte Ziehbrunnen, aus dem früher die Mägde das Wasser in Holzeimern heraufzogen. Die Kinder drücken sich an die Mauer neben dem offenen Holztor.

„Also, ihr wißt ja Bescheid", flüstert Hummelchen und sieht ihre Schatzsucher an, „Benno, Conny, Puck und ich schleichen in die Burg. Heiner bleibt mit Zöpfchen und Gaby an der Mauer zurück. Ihr habt die Decke, in die wir das Wappen packen, wenn wir es zurückbringen . . ."

„Wenn ihr es findet", wirft Heiner ein.

„Wir werden es schon finden", meint Hummelchen zuversichtlich, „wo sollte es denn sonst sein, als auf der Burg? Bald ganz Thalburg haben wird durchstöbert. Es muß ganz einfach auf der Burg sein!"

„Wo wollen wir 'reinkommen — durch den Hof?" fragt Conny und lugt um die Ecke in den Hof.

„Du bist wohl nicht gescheit? Damit uns Gustav gleich sieht!" Hummelchen überlegt. „Wir schleichen erst mal an der Mauer entlang. Da finden wir schon eine Stelle, wo wir ungesehen in die Burg kommen können."

„Die Fahne ist verschwunden. Der alte Graf ist wirklich nicht da", flüstert Zöpfchen und sieht zum Burgfried hinauf. Dort hängt nach alter Tradition die Fahne aus dem höchsten Burgfensterchen, wenn der Graf auf der Burg anwesend ist. Die Fahne zeigt auf blassem Grund das Thalburger Wappen mit Goldfäden gestickt.

„Los jetzt und leise!" kommandiert Hummelchen, und sie schleicht den anderen voran.

Die Mauer ist überall gleich hoch und gleich dick. Sie hat außer dem Haupteingang in den Burghof noch ein Nebentörchen, das zur Rückseite der Burg und zu den Wirtschaftsräumen führt. Es wird nie benutzt. Das Holz ist dunkel und verwittert. Das Schloß verrostet. Es gibt den rüttelnden Kinderhänden keinen Millimeter nach.

„Macht nichts", meint Benno, „wir kommen trotzdem in die Burg. Puck, komm her, du bist der kleinste und leichteste. Wir heben dich hoch. Du trittst auf die Klinke und guckst über die Mauer. Du sagst uns, was du drüben siehst."

Puck strahlt. Er ist selig, daß er nun bei den ganzen Abenteuern dabei sein darf. Um keinen Schatz der Welt würde er sich dieses Geheimnis um die Suche nach dem Wappen von dem neugierigen Pauker entreißen lassen. Seine Freunde sollen nie sagen können, der Puck habe nicht dichtgehalten.

„Auf geht's!" sagt Puck begeistert und läßt sich von Benno und Heiner hochstemmen.

Dann steht er auf der rostigen Klinke. Er hat zwar nur mit einem Fuß Platz, aber die Freunde stützen ihn und drücken den kleinen Kerl nach oben. Er sieht die Rückseite der Burg, die Ställe und Remisen für Wagen und Landmaschinen und den Greifer über einem stattlichen Misthaufen.

Er gibt seinen Bericht flüsternd zu den Freunden nach unten.

„Glaubst du, daß wir über das Tor auch zurückkommen? Siehst du jemand von den Leuten?" fragt Benno.

„Ich sehe niemand", gibt Puck Bescheid, „und über das Tor kommen wir ganz leicht zurück. Gleich daneben steht nämlich eine Bank."

„Großartig! Da haben wir gerade die richtige Stelle erwischt", sagt Hummelchen erfreut, „du kannst gleich obenbleiben, Puck! Kommst du drüben allein 'runter?"

„Na klar", versichert der Kleine, zieht sich an dem rissigen

Mauerwerk hoch, schwingt die Beine über das Tor und läßt sich auf der anderen Seite hinabplumpsen.

„Los, Hummelchen!" Benno und Heiner drücken Hummelchen nach oben. Die neue Wollhose, die Oma Sanftmut so liebevoll gestrickt hat, bekommt ihr erstes Loch am Knie, aber was macht das? Hummelchen landet glücklich, von Puck hilfreich gestützt, auf der Bank an der Burgmauer, und das ist die Hauptsache. Auch Benno und Conny schaffen den Überstieg, und nun kann die Schatzsuche losgehen.

„In den Ställen liegt das Wappen bestimmt nicht", meint Benno, „also halten wir uns damit nicht erst auf. Wir müssen in die Burg."

„Aber wie?" Conny guckt an dem Gemäuer hoch. Die Fenster sind geschlossen.

„Wir finden schon eins, das offen ist", Hummelchens Zuversicht ist unverwüstlich.

Sie schleichen an der Rückseite der Burg entlang. Im Erdgeschoß liegen die Gesindestuben. Viel Gesinde hat die Burg nicht mehr, denn der alte Graf hat die Landwirtschaft zum größten Teil verpachtet.

Hummelchen entdeckt ein offenes Fenster im Erdgeschoß. Es gehört zur Stube eines der beiden Hausmädchen, die die bewohnten Räume der Burg in Ordnung halten. Benno zieht sich an der Mauer hoch und lugt über das Sims. Die Stube ist leer. Er winkt den anderen und wagt als erster den Einstieg. Dann hilf er Hummelchen, Conny und Puck. Die Stube ist im bäuerlichen Stil eingerichtet und wirkt mit ihrem rotgewürfelten Bettbezug recht gemütlich.

Hummelchen schleicht zur Tür, öffnet sie leise und blickt auf den Gang hinaus. Er ist ziemlich dunkel und eng. Aber er ist still und erweckt den Anschein, als werde er schon lange nicht mehr benützt. Nicht, daß er schmutzig wäre, aber seine Stille läßt die Kinder glauben, allein auf der Burg zu sein. Sie schleichen hinter Hummelchen her.

„Wo willst du eigentlich hin?" flüstert Conny.

Hummelchen ist sich darüber selber nicht im klaren. Ist nicht die ganze Burg geeignet, ein so kostbares Wappen in ihren unzähligen Räumen zu verstecken? Gibt es nicht unzählige Winkel und Erker, Kammern und geheimnisvolle Gewölbe? Du liebe Zeit! Man müßte hier ja wochenlang suchen, um das Wappen zu finden! Wo könnte es wohl am sichersten sein?

„Es ist bestimmt unter der Burg im Keller", flüstert sie, „wir müssen herausfinden, wo der Keller ist."

Das leuchtet den anderen ein. Sie schleichen weiter den Gang hinunter und wissen nicht, daß sie in der verkehrten Richtung gehen. Die Kellertür war ihnen so nah. Von irgendwoher aus einem der Räume im Erdgeschoß kommt das Geräusch von klapperndem Geschirr und dazwischen der Gesang einer Frauenstimme. Eine Tür wird geschlossen, dann ist es wieder still.

„Jetzt kommt ein Gang", flüstert Hummelchen, „den gehen wir hinunter. Er führt sicher zum Keller."

„Es ist aber so dunkel", wendet Puck ein.

„Dafür sind wir in einer Burg", sagt Benno leise, „da muß es dunkel und geheimnisvoll sein. Du hast doch nicht etwa Angst, Puck?"

„Ach, woher", wehrt der Junge ab. „Ich meinte nur so." Und er unterdrückt tapfer ein Unbehagen.

Der Gang führt zu Nebenräumen, die selten benutzt werden. Das schwache Licht, das aus einem winzigen Fenster in der Mauer hineinfällt, reicht aus, um einer Ritterrüstung, die in einer Nische lehnt, ein geheimnisvolles und erschreckendes Aussehen zu geben. Hummelchen sieht sie zuerst, prallt zurück und schlägt die Hände vor den Mund, um einen Schrei zu ersticken, und hastet den Gang zurück.

„Ein Geist!" flüstert Conny mit zitternden Lippen und jagt Hummelchen nach.

‚Ich hab's mir ja gleich gedacht, daß hier was nicht stimmt', denkt Puck und rennt den Mädchen nach.

„Ein Geist!" sagt Benno. „Ihr Angsthasen!" Und er wirft den Freunden einen verächtlichen Blick nach, die mit ängstlichen Augen an der Biegung des Ganges stehen. „Das ist eine ganz gewöhnliche . . ." Er hält inne und sein Herz beginnt vor Schreck zu hämmern. Die schwere Eisenrüstung scheint lebendig zu werden. Zwischen den Ringen des Helms blitzt es wie zwei Augen, die den kecken Jungen ansehen. Benno weiß nicht, daß dieses plötzliche „Lebendigsein" der alten Ritterrüstung nur von einem kleinen Sonnenstrahl hervorgerufen wurde, der für den Bruchteil einer Sekunde die graue Wolkendecke durchbrach und durch das Fensterchen in den Gang fiel.

„Alle Wetter!" haucht er entsetzt, „hier ist es wirklich nicht geheuer", und er macht schleunigst kehrt und eilt zu den anderen.

„Was war los?" fragt Hummelchen, „warum hast du es plötzlich so eilig? Ich denke, es war nichts Besonderes?"

Benno will sich seine Angst nicht anmerken lassen.

„Es war auch nichts Besonderes", meint er und versucht, das Zittern in seiner Stimme zu unterdrücken, „nur eine alte Rüstung. Es hat aber keinen Zweck, den Gang weiter hinunterzugehen . . ."

„Ich käme auch nicht mit", sagt Conny, „huh, das war bestimmt ein Geist! Wer weiß, wie viele noch hier in den Ecken herumstehen."

„Wie wollt ihr bloß das Wappen finden, wenn ihr vor allem Angst habt?" Benno tut überlegen. „Los — weiter! Es gibt noch mehr Gänge und Räume. Beim Herumstehen finden wir das Wappen nicht."

Sie gehen ein Stück zurück und biegen in einen Gang ein, durch dessen hohe Bogenfenster das graue Tageslicht auf alte Gemälde fällt. Grafen und Gräfinnen von Thalburg blicken aus ihren Goldrahmen auf die vier Kinder herab, die ausgezogen sind, ein altes Geheimnis aus jahrhundertelangem Schlaf in der Burg ihrer Väter zu erwecken. Werden sie es hier finden, wo sie es nach langem Suchen nun endlich vermuten? Die Gesichter auf den alten Gemälden lächeln, aber sie verraten nichts. Sie schweigen wie Onkel Lachmund auf seinem Bild über dem Kamin des Eichenhauses.

Hummelchen blickt zu ihnen auf und seufzt. Aber sie ist nach wie vor fest überzeugt, daß sie das Wappen finden wird.

Das Ende des Ganges mündet in eine Halle. Eine breite Treppe führt nach oben. Sie stehen auf buntem, kunstvoll zusammengesetztem Steinboden und sehen sich ratlos an.

„Wo soll denn hier ein Kellereingang sein?" fragt Puck.

„Das weiß ich auch nicht", flüstert Hummelchen, „wir müssen eben suchen."

„Ich habe mal was von Falltüren gehört", sagt Conny, „die führten in unterirdische Gewölbe. Dort lagen Schätze und Kunstwerke und viel, viel Geld."

„Wo? Hier auf der Thalburg?" fragt Benno.

„Nein, das habe ich in einem Buch gelesen. Aber warum sollte es hier auf der Thalburg nicht auch Falltüren geben?"

„Was ist denn eine Falltür?" fragt Puck.

„Das erzählen wir dir später", verspricht Benno, „jetzt gehen wir erstmal auf die Suche. — Seid still!" Er starrt gespannt nach oben.

Irgendwo wird eine Tür geöffnet. Schritte kommen von oben herunter.

„Hier hinein!" Benno öffnet die nächste Tür und schiebt die Freunde in den Raum.

Auf prachtvollem Parkettboden stehen alte, geschnitzte Möbel. An den Wänden erheben sich Bücherschränke bis zur Decke hinauf. Im Kristall des mächtigen Kronleuchters bricht sich buntes Licht, obwohl der Himmel vor den hohen Fenstern grau und verhangen ist.

„Das ist sicher die Bibliothek", flüstert Hummelchen, „das Eichenhaus hat auch eine, aber so groß ist sie nicht. Himmel, wenn ich die Bücher alle lesen müßte!"

„Pscht!" Conny legt Hummelchen die Hand auf den Mund, denn draußen gehen Schritte vorbei und verlieren sich auf dem Gang mit den hohen Bogenfenstern und den alten Bildern.

„Wo könnten wir hier suchen?" fragt Puck, als die Schritte vorüber sind. Hummelchens Augen huschen über die Bücherwände.

„Manchmal liegen auch geheime Gänge hinter den Wänden." Benno hat das'mal in einem Kriminalfilm im Fernsehen gesehen. „Die alten Burgen haben bestimmt Geheimgänge. Wenn früher der Feind anrückte, haben sich die Burgherren durch die geheimen Gänge aus dem Staube gemacht. Sie sind dann irgendwo im Walde wieder aufgetaucht und haben sich in Sicherheit gebracht."

„Ach, hör auf, mir ist schon ganz wirr im Kopf von Geistern, geheimen Gängen und Falltüren", sagt Conny, „sage lieber, wo wir mit dem Suchen anfangen sollen."

„Wir wollten doch in den Keller", erinnert Puck.

„Ja, aber erst 'mal wissen, wo der Eingang dazu ist", antwortet Benno.

„Hier ist ein weißer Knopf neben dem Bücherschrank, das ist sicher ein Lichtschalter", sagt sie, „wollen wir den Kronleuchter anzünden?" und sie drückt auf den weißen Knopf am Schrank.

Aber die Kerzen flammen nicht auf. Stattdessen ist irgendwo, weit fort und leise, ein Klingeln zu hören. Die Kinder stehen einen Augenblick wie gelähmt vor Schreck.

„Du hast geläutet, Hummelchen", flüstert Benno, „jetzt nichts wie raus hier, sonst werden wir erwischt!"

Der alte Diener Gustav betritt sein Zimmer gerade, als Hummelchen auf den Knopf drückt. Verwirrt und erschrocken bleibt Gustav stehen. Der Graf ist doch gar nicht da. Wer hat auf die Klingel in der Bibliothek gedrückt?

Die Köchin, die beiden Hausmädchen und der Melker haben keinen Zugang zu den Privaträumen des Grafen. Wer, außer ihm, befindet sich noch in der Burg? Der alte Gustav stürzt aus seinem Zimmer und rennt beherzt den Gang hinunter. Die Kinder hören seine Schritte.

„Schnell, hier hinein!" Benno reißt eine Tür auf und stößt die erschrockenen Freunde durch die Tür. Sie befinden sich in einem kleinen Saal.

Gustav reißt die Tür zur Bibliothek auf. Er starrt in den leeren Raum und überlegt. Ist er einer Sinnestäuschung erlegen? Nein, er hat den Summton ganz deutlich gehört! Wer ist in der Burg, der nichts zu suchen hat?

Gustav kennt keine Furcht. Er ist seit seiner Kindheit im Dienste des Grafen. Er hat nie einen Geist auf der Burg gesehen oder gehört. Er glaubt nicht an derlei Geschichten. Es ist ein fremder Mensch in der Burg! Oder sind es gar mehrere? Wer will die Abwesenheit des Grafen zum Stehlen ausnutzen?

Da bemerkt Gustav Fußspuren auf dem blanken Parkett. Spuren von Schmutz, Erdklümpchen und angetretenen Steinchen. Sie führen in den Saal. Er öffnet die Tür.

Die Kinder haben sich hinter hohe Sessel geduckt und wagen kaum zu atmen.

Der alte Diener blickt sich um, horcht eine Weile und geht dann kopfschüttelnd wieder hinaus.

Benno flüstert: „Es ist besser, wir verschwinden, ehe uns Gustav erwischt. Sagen können wir ihm nicht, was wir hier suchen, denn das ist ja unser Geheimnis. Wir finden das Wappen hier doch nicht. Wo sollen wir es hier suchen? Die Burg ist zu groß."

Hummelchen möchte noch nicht aufgeben. Jetzt sind sie hier, das Wappen muß doch zu finden sein!

Sie flüstert: „Gustav ist weg. Wir suchen weiter. Wenn wir erst die Tür zum Keller gefunden haben, finden wir auch das Wappen. Ihr habt mir eure Hilfe versprochen."

Sie nicken und richten sich vorsichtig hinter den Sesseln auf.

Hummelchen lugt aus der Tür. Gustav ist nicht zu sehen. Sie winkt den anderen. Leise schleichen sie den Gang mit den hohen Bogenfenstern hinunter. Sie kommen zurück in den Nebenbau, verlaufen sich in den Gängen des alten Anbaues und gelangen zu einer Tür.

„Hier geht es ganz sicher in den Keller hinunter?" vermutet Hummelchen und versucht die Tür zu öffnen.

Es ist eine Eisentür. Sie ist schwer. Benno und Conny bekommen sie nur mit Mühe auf.

„Puh, es ist dunkel", sagt Hummelchen, „eine Treppe geht nach unten. Puck, du hast die Taschenlampe. Gib sie her!"

„Gleich", sagt Puck und bückt sich nach seinem Schuh.

Zu dumm, daß ihm gerade jetzt der Schnürsenkel reißt. Er muß ihn erst zusammenknoten. Wie soll er sonst die Treppe hinuntersteigen? Benno und Conny sind hinter Hummelchen hergegangen und — mit lautem Krach fällt hinter ihnen die schwere Tür ins Schloß!

Benno und Conny versuchen sie zu öffnen, aber es gelingt ihnen nicht.

„Puck, versuche du es!" ruft Hummelchen, aber sie wissen alle drei, daß es der kleine Puck erst recht nicht schaffen wird.

Gustav hat die Köchin und die beiden Hausmädchen alarmiert. Sie alle haben den Krach gehört. Sie wissen nun, daß Einbrecher auf der Burg sind, die es auf die wertvollen Schätze abgesehen haben.

„Sie dürfen mich nicht kriegen!" murmelt Puck verzweifelt. „Ich muß sofort Hilfe holen." Und er reißt die nächste Tür auf. Doch im gleichen Augenblick fühlt er sich schon am Mantelkragen gepackt und zurückgerissen.

„Bürschchen, was tust du hier?" knurrt Gustav ärgerlich.

„Ich — ich ...", stottert Puck. „Gar nichts! Ich wollte nur ..."

„Hier sind noch mehr Kinder!" ruft die Köchin und weist auf die Eisentür.

Gustav sieht Puck streng an. „Stimmt das?"

Puck nickt mit gesenktem Kopf. Es hat ja nun keinen Zweck mehr zu leugnen. Sie sind alle vier entdeckt.

Der Diener hat die verklemmte Tür bald geöffnet. Erschrocken starren Hummelchen, Conny und Benno ihn an. Auch Gustav ist im ersten Augenblick sprachlos vor Verwunderung.

„Dich kenne ich doch?" sagt er dann zu Hummelchen. „Bist du nicht die kleine Paulsen?"

Hummelchen nickt. „Ja! Aber wir wollten bestimmt nichts Böses, Herr Gustav, sondern nur ..."

„Sondern nur Verstecken spielen, was?" fragt der alte Diener halb belustigt, halb ärgerlich. „Müßt ihr dazu unbedingt auf die Burg kommen?"

„Nein, wir wollten doch hier nicht spielen", wehrt Hummelchen entrüstet ab, „sondern etwas suchen."

„Etwas suchen?" wundert sich Gustav. „Was denn?"

„Das können wir Ihnen nicht sagen. Es ist etwas sehr Wichtiges und Wertvolles."

„So, so!" Gustav zwinkert ihr lächelnd zu. „Meinst du nicht, daß es dann viel einfacher wäre, wenn du es mir sagtest? Vielleicht kann ich dann gleich verraten, wo es ist."

Aber Hummelchen schüttelt den Kopf. „Nein, wir möchten es gern allein finden. Sie brauchen uns nur zu sagen, wo es zum Keller geht."

Da wird das Gesicht des Dieners ernst. „Nun höre mal zu, mein Kind: Die Burg ist kein Spielplatz, wo sich jeder herumtummeln kann, wie er Lust hat, sondern sie ist ein Privathaus. Was, meinst du wohl, würde dein Vater sagen, wenn fremde Kinder einfach ins Eichenhaus kämen, um darin herumzustöbern?"

Hummelchen senkt den Blick. Bei dieser Vorstellung wird ihr erst klar, wie unrecht sie und ihre Freunde gehandelt haben.

„Jetzt siehst du es wohl ein, nicht wahr?" fragt Gustav freundlich. „Ihr werdet also brav nach Hause gehen und in Zukunft auf der ‚Tüte' spielen und nicht noch einmal ungebeten hier eindringen. Versprichst du mir das?"

Hummelchen erschrickt. Nach Hause gehen? Ohne das Wappen? Und nicht mehr herkommen dürfen, um weiter danach zu suchen? — Aber hier muß es doch sein!

Plötzlich kommt ihr eine Idee. Ja, es ist geradezu der einzige, der letzte rettende Gedanke. Mit einem Ruck hebt sie den Kopf und blickt Gustav eindringlich an.

„Wenn ich es Ihnen sage, Herr Gustav, versprechen Sie mir dann, daß Sie es meinem Vati nicht verraten? Überhaupt keinem Menschen auf der Welt? Und helfen Sie uns beim Suchen?"

Gustav lächelt. „Gut, das verspreche ich dir!"

„Mit Ehrenwort?"

„Mit großem Ehrenwort!" versichert Gustav ernsthaft. „Kommt

mit, wir wollen uns zu dieser wichtigen Angelegenheit um den runden Tisch in der Halle setzen."

Das gefällt den Kindern. Ja, sie atmen sogar alle erleichtert auf, denn es hat sie doch sehr bedrückt, ein solches Geheimnis so lange für sich behalten zu müssen. Und Hummelchen ist richtig fröhlich. Sie weiß zwar nicht warum, aber sie hat auf einmal das Gefühl, als käme sie jetzt geradewegs auf ihr Ziel zu.

Die Köchin hat den Kindern Saft und eine Schale mit Keksen hingestellt, und nun berichtet Hummelchen von ihrer Suche nach dem goldenen Wappen, und warum es unbedingt bald gefunden werden müsse.

Gustav hört mit wachsendem Staunen zu. Natürlich kennt er die Geschichte, aber daß die Kinder mit solcher Ausdauer danach gesucht haben, muß er doch bewundern. Allerdings kann er ihnen gleich sagen, daß er auf der Thalburg jeden Winkel vom Keller bis zum Dach genau kennt und daher auch genau weiß, daß das Wappen hier auf keinen Fall sein kann . . .

Da zieht Hummelchen die inzwischen schon recht zerknitterte Zeichnung aus der Tasche und breitet sie vor Gustav aus. Er betrachtet sie lange und gründlich, befühlt das vergilbte Papier, hält es gegen das Licht, dann nickt er vor sich hin und meint nachdenklich:

„Ja, du magst recht haben. Diese Zeichnung kann mit dem Versteck des Wappens in Zusammenhang stehen. Laß mich mal überlegen . . . Der schwarze Strich, der die Wehrmauer kreuzt, führt offensichtlich zu dem Gewölbegang . . ." Er blickt eine Weile mit zusammengekniffenen Augen in die Luft. „Das werden wir gleich mal feststellen. Wollt ihr mitkommen?"

„Ja, ja!" rufen die Kinder begeistert und springen auf.

Wieder geht es zu der Eisentür, die jedoch diesmal, damit sie nicht abermals zufallen kann, mit einem Klotz offengehalten wird. Voran geht Gustav mit einer Taschenlampe, ihm folgen Hummelchen, Conny und Puck, und den Schluß bildet Benno, ebenfalls mit einer Taschenlampe.

„Paßt auf, daß ihr nicht fallt!" warnt Gustav. „Der Boden ist uneben."

Die Lichtkegel geistern über die niedrige, rundgewölbte Decke und die Wände, die aus dicken, unbehauenen Feldsteinen gefügt sind. Conny und Puck finden es ein bißchen unheimlich und sind sehr froh, daß sie nicht mehr allein sind, sondern von einem Erwachsenen geführt werden. Hummelchen und Benno dagegen fürchten sich gar nicht. Sie betrachten aufmerksam das Mauerwerk rechts und links, ob sich nicht irgendwo ein Riß oder Loch entdecken läßt. Auch Gustav bleibt hin und wieder stehen und leuchtet die Wände ab.

Gerade will er wieder weitergehen, da stolpert Hummelchen, und um nicht hinzufallen, stützt sie sich mit beiden Händen gegen die Wand. Doch — was ist das? Der dicke Stein, den sie getroffen hat, gibt plötzlich nach und verschwindet mit dumpfem Gepolter in einem schwarzen Loch.

„Au!" schreit Hummelchen vor Schreck und Schmerz, denn sie hat sich an der oberen Kante des Mauerlochs empfindlich die Stirn gestoßen.

Einen Augenblick stehen alle wie erstarrt, dann ruft Benno als erster: „Der Gang! Wir haben ihn!"

„Wahrhaftig, das muß er sein", murmelt Gustav und rüttelt zur Probe an dem nächsten Stein unter dem Loch. Und wirklich, auch er ist locker.

Conny und Puck müssen nun die Taschenlampen halten, während Gustav, Hummelchen und Benno mit vereinten Kräften die schweren Brocken fortschieben, die lose übereinander liegen, bis ein schmaler Durchbruch freigelegt ist, eben groß genug, daß ein mittelgroßer, dünner Mensch sich hindurchzwängen kann.

„Den haben wohl Kinder gebaut", meint Benno verwundert.

„Nein, im siebzehnten Jahrhundert waren die Menschen viel kleiner als wir es heute sind", erklärt Gustav, „durch so ein Loch konnte damals ganz bequem ein Erwachsener gehen." Nachdem er die Festigkeit der übrigen Steine geprüft hat, nimmt er Puck bei der Hand und läßt ihn als ersten durch die Öffnung treten und mit der Lampe das geheimnisvolle Dunkel dahinter ableuchten.

„Es geht ein Stück nach unten", berichtet er, „aber dann kommt ein richtiger, gemauerter Gang."

„Gut", sagt Gustav und zieht Puck durch das Loch zurück,

„dann werde ich morgen dem Herrn Grafen, wenn er zurückkommt, Bescheid sagen. Er wird wohl die Untersuchung des unterirdischen Ganges gleich veranlassen."

„Nein, ich wollte doch das Wappen finden", ruft Hummelchen enttäuscht.

„Ich werde den Herrn Grafen fragen, ob du dabei sein darfst", sagt Gustav, „wenn dein Vater mitkommt, wird er vielleicht nichts dagegen haben."

Das ist nun gar nicht nach Hummelchens Sinn. Gerade den Vater will sie doch überraschen. „Lassen Sie mich wenigstens auch mal hineingucken, so wie Puck", bettelt sie.

Diese Bitte will Gustav ihr natürlich nicht abschlagen, zumal es ja ganz ungefährlich ist, wenn er sie an der Hand hält.

Hummelchen nimmt Puck die Taschenlampe ab. Doch kaum ist sie durch das Loch geschlüpft, hat sie sich auch schon von Gustavs Hand losgerissen und läuft den abschüssigen Gang hinunter.

„Was — willst du wohl . . .", schreit Gustav entsetzt.

„Ich komme gleich wieder", ruft Hummelchen zurück, „ich will bloß 'mal eben hier unten um die Ecke gucken."

Verzweifelt bemüht sich Gustav, ebenfalls durch die Maueröffnung zu kommen, um Hummelchen zurückzuholen. Aber es gelingt ihm nicht, und Gewalt will er nicht anwenden, weil er fürchtet, die Wand damit zum Einsturz zu bringen.

Hummelchens Lampe huscht über die Steinwände. Aus einer Spalte tropft es auf einen Stein mit einem gleichmäßigen „klickklick", dann versickert das Wasser darunter ins Erdreich. Es ist still, geheimnisvoll still, außer dem tropfenden Wasser. Der Strahl der Lampe läuft weiter, irrt zuckend über eine Felsnische, aus der plötzlich ein winziger Blitz aufleuchtet.

Hummelchen stößt einen überraschten Ruf aus und eilt auf die Nische zu. Hastig wühlt sie mit einer Hand einen Reisighaufen beiseite. Das alte Holz knackt und kracht. Die verwelkten Blätter zerfallen wie eine Wolke von Staub. Dann hat sie es geschafft. Hummelchen hebt die Lampe hoch und ihre Augen schließen sich, geblendet vom goldenen Glanz, der ihr aus der Nische entgegenstrahlt.

„Das Wappen", flüstert Hummelchen atemlos, „mein Gott, es ist das goldene Wappen von Thalburg!"

Sie ist so überwältigt vor Freude, daß ihr die Tränen in die Augen schießen. Wie aus weiter Ferne hört sie die Stimmen von Benno, Conny und Puck rufen: „Hummelchen, komm zurück!"

Sie versucht, das Wappen hochzuheben, aber da sie wegen der Lampe nur eine Hand frei hat, ist es ihr zu schwer.

„Hummelchen, antworte!" rufen die Freunde.

„Ja — ich hab's!" schreit Hummelchen glücklich und erschrickt über ihre eigene Stimme, die in dem engen Gewölbe gewaltig widerhallt.

‚Ich muß ganz schnell zu Vati', denkt sie und läuft so rasch sie kann zurück.

Gustav kommt ihr entgegen. Er hat sich vor Angst um Hummelchen doch noch durch den engen Spalt gedrückt, und sie zeigt ihm stolz ihren Fund. Auch die anderen Kinder dürfen nacheinander unter Gustavs Aufsicht hinunterkommen.

*

Herr Paulsen sieht erstaunt von seiner Schreibmaschine auf, als Hummelchen verschmutzt, zerrissen plötzlich in seinem Arbeitszimmer steht. Und hinter ihr tauchen Benno, Conny und Puck auf und sehen so schmutzig, aber glücklich lachend aus den Augen wie sein Hummelchen.

Sie fällt dem Vater um den Hals. Atemlos und abgejagt stößt sie hervor:

„Wir haben es gefunden, Vati! Wir haben es gefunden! Ach, ich bin so glücklich. Den ganzen Berg sind wir heruntergerannt, damit du es so schnell wie möglich erfährst. Nun kannst du noch in deinem Buch davon berichten."

„Wovon sprichst du?" fragt der Vater erstaunt. „Ich verstehe dich nicht. Und wie siehst du aus?"

„Vati, Vati, ich meine doch das goldene Wappen! Wir haben es gefunden! Es ist im Burgberg in einem unterirdischen Gang."

Herr Paulsen wird blaß. Was sagt sein Mädchen da? Das goldene Wappen? Das kann doch nicht sein!

„Du glaubst es nicht?“ fragt Hummelchen lachend, „Benno, Conny, Puck, hab' ich recht oder nicht?“

Die Jungen nicken, und Conny sagt: „Es ist sehr schön, nur furchtbar verstaubt. Aber wenn es erst blankgeputzt ist, leuchtet es sicher wie die Sonne.“

Am Abend sagt Hummelchen: „Vati, ich hatte ganz oben auf dem Speicher des Eichenhauses einen alten Plan gefunden. Da, sieh ihn dir an. Danach wollten wir das Wappen suchen, aber wir fanden es nicht.“

Der Vater sieht überrascht auf das vergilbte Papier.

„Es ist ein alter Stadtplan von Thalburg. Wie hättet ihr euch auch darin zurechtfinden können“, und der Vater fährt mit den Fingern die Linien und Striche entlang und überlegt, „da, diese kleine Nebenzeichnung ist der Grundriß des Eichenhauses. Ich erkenne ihn wieder. Jetzt, da wir wissen, wo das Wappen ist, wollen wir es auf dem Plan suchen.“

Hummelchens Blicke folgen ihm.

„Hier ist ein Punkt, umgeben von kleinen Strichen. Das ist das Wappen unter dem Reisighaufen. Hier sind die Gänge unter dem Burgberg. — Aber hier rechts führt einer bis zur Mauer des Eichenhauses.“ Der Vater springt auf, verblüfft von einer kaum zu begreifenden Entdeckung. „Hummelchen, Biene, der Gang geht vielleicht sogar weiter unter der Mauer hindurch bis zum Eichenhaus?“ Sie sehen sich sprachlos an.

Die Mutter sagt nach einer Weile: „Es würde bedeuten, daß ein unterirdischer Gang bis zur Burg hinaufgeht, daß also das goldene Wappen jahrhundertelang in der Nähe des Eichenhauses lag, und von einem unserer Keller hätten wir es finden können.“

„Aber ich bin doch auf meiner Suche im Eichenhaus auch in den Kellerräumen gewesen und habe nichts gefunden“, sagt der Vater. „Kommt mit, der Plan wird uns den Weg zeigen.“

Der Vater hält den Plan vor sich und sucht den Weg.

„Dieser Keller müßte es sein“, sagt er, „aber er ist wie die anderen. — Sollte gar hinter dem alten Schrank . . .“. Er rüttelt mit den Fäusten daran. „Ich habe mich bisher nicht um ihn gekümmert, weil er leer ist.“

Sie helfen alle mit und rücken das große, schwere Möbel Zentimeter für Zentimeter von der Wand ab. Und dann starren sie auf die lose aufeinandergefügten Steine, die sich leicht beseitigen lassen. Und dann liegt der Gang vor ihnen.

„Eine Taschenlampe, Biene!" ruft der Vater. „Du liebe Zeit, hier ist damals der alte Lachmund entlanggegangen und hat das Wappen vor den Räuberbanden versteckt. Kaum hundert Meter vom Haus."

Sie gehen unter dem Garten und der Mauer entlang und kommen zu der Felsnische, in der Hummelchen den Schatz gefunden hat. Er liegt jetzt oben in der Burg, von Gustav gut bewacht.

Eine halbe Stunde später fährt Hummelchen mit den Eltern im Wagen zur Thalburg hinauf. Der Vater kann es nicht erwarten, das berühmte goldene Wappen zu sehen, und Hummelchen brennt ebenso ungeduldig darauf, es ihm zu zeigen.

Das ist aber noch längst nicht das Ende von Hummelchens Erlebnissen. Große Tage stehen dem Städtchen Thalburg bevor. Doch davon erzählt erst der nächste Hummelchen-Band.